edition s

Ob in ihren preisgekrönten Romanen, Reportagen oder Essays – Nora Bossongs Texte führen stets mitten hinein in die schmerzhaft relevanten Problemfelder unserer Zeit. Wo andere vorschnelle Urteile fällen oder sich auf sich selbst zurückziehen, schaut sie genau hin, hört teilnahmsvoll zu und stellt Fragen: nach kolonialer Schuld und globaler Gerechtigkeit, nach den Herrschaftsansprüchen des Westens und der Natur des Bösen.

Mit analytischem Scharfsinn und sprachlicher Kraft entlarvt sie falsche Idealisierungen und populistischen Kulissenzauber, warnt vor Geschichtsvergessenheit und wachsender Demokratiemüdigkeit. Sie reist zu den Gelbwestenprotesten in Paris, zu den Gegnern des deutschen Kohleausstiegs in Jänschwalde, zu den Gedenkfeiern zum 25. Jahrestag des Völkermords in Ruanda und zum Prozess gegen mutmaßliche Kriegsverbrecher in Den Haag – und sie zeigt, dass sich Versöhnung zwar nicht verordnen lässt, unser Bemühen darum aber nie nachlassen darf.

Nora Bossong, 1982 in Bremen geboren, schreibt Lyrik, Romane und Essays, für die sie mehrfach ausgezeichnet wurde, zuletzt mit dem Joseph-Breitbach-Preis, dem Wilhelm-Lehmann-Preis und dem Thomas-Mann-Preis 2020. Nora Bossong lebt in Berlin.

Nora Bossong

Auch morgen

Politische Texte

Suhrkamp

Erste Auflage 2021
edition suhrkamp 2773
Originalausgabe
© Suhrkamp Verlag Berlin 2021
Alle Rechte vorbehalten, insbesondere das der Übersetzung,
des öffentlichen Vortrags sowie der Übertragung
durch Rundfunk und Fernsehen, auch einzelner Teile.
Kein Teil des Werkes darf in irgendeiner Form
(durch Fotografie, Mikrofilm oder andere Verfahren)
ohne schriftliche Genehmigung des Verlages reproduziert
oder unter Verwendung elektronischer Systeme
verarbeitet, vervielfältigt oder verbreitet werden.
Satz: Satz-Offizin Hümmer GmbH, Waldbüttelbrunn
Druck: C. H. Beck, Nördlingen
Umschlag gestaltet nach einem Konzept
von Willy Fleckhaus: Rolf Staudt
Printed in Germany
ISBN 978-3-518-12773-5

Inhalt

Die verwaltete Erinnerung *7*
Menschenrechte für rechte Menschen *9*
Was sind schon fünfundzwanzig Jahre? *16*
Gerechtigkeit für die Welt *27*

Das Gestern im Heute *45*
Vier Versuche über das Böse *47*
Jugend, ewige *75*

Feuerlöscher und Barrikaden *91*
Erzählung vom wüsten Land *93*
Die zerlöcherte Region *110*
Ein Tag wird kommen *132*

Trost der Wolken *143*
Die Sehnsucht nach dem Anderen *145*
Vom Trost der Wolken *154*
In GOD we trust *172*

Anmerkungen *187*
Nachweis der Erstdrucke *194*

Die verwaltete Erinnerung

Menschenrechte für rechte Menschen

»Direitos Humanos são para humanos direitos.« Dieser so schön elliptisch geschwungene Satz beschäftigt mich, seitdem ein Freund mir davon erzählte. Übersetzt aus dem Portugiesischen heißt er so viel wie: Menschenrechte sind für rechte Menschen, oder auch: für rechtschaffene, für passende, für die richtigen Menschen.

Menschenrechte für rechte Menschen. Was aber ist das denn, der rechte, richtige Mensch? Geäußert hat diesen Satz der brasilianische General Augusto Heleno im Oktober 2019 in einem Interview. Heleno war unter anderem für den UN-Blauhelmeinsatz in Haiti verantwortlich, so kamen wir auf ihn. Mein letzter Roman *Schutzzone* war gerade erschienen, wir saßen im Hamburger Frühherbst bei einem Bier zusammen und sprachen darüber, was diese Weltinstitution namens UN noch sein könne und was aus all den Hoffnungen geworden sei, für die diese Institution steht oder eben stand.

Ihre Blauhelme nennt man auch Friedenstruppen, und sie könnten unseren, ich glaube, allgemeinmenschlichen Wunsch nach Frieden verkörpern, eine Art Engelsheerscharen für eine Zeit, in der man zu genau weiß, dass Engel immer wieder nicht gekommen sind, wenn sie hätten eingreifen müssen, nicht nur um Leben, sondern um das grundlegend Menschliche zu retten.

Auf Haiti hatten die Friedenstruppen in einem Quartier mit dem schönen Namen Cité Soleil, einem Slum von Porte-au-Prince, in nur wenigen Stunden 22 000 Kugeln verschossen. Einige dieser Kugeln trafen Mitglieder einer kriminellen Vereinigung, andere trafen Unbeteiligte. Es sollen bis zu siebzig Menschen gestorben sein, darunter auch Kinder. Die *Operation Iron Fist* sei ein Massaker gewesen, meinen Menschenrechtsgruppen. Sie sei ein Erfolg gewesen, meint Heleno.

Seit der Erklärung der Menschen- und Bürgerrechte von 1789 hat es immer Mittel und Wege gegeben, diese zwar anzuerkennen, aber doch bitte schön nicht für alle. Immer wieder haben sich Ideologien von rechts wie von links ihren richtigen Menschen geschaffen. Sie haben aussortiert, wer diesem *Richtigen* nicht entsprach. Der Mensch ist aber nicht zuerst richtig, er ist vor allem Mensch, fehlbar, verletzlich, hilflos, sanft, oft mittelmäßig und, ja, mitunter sogar böse oder sagen wir boshaft, eigennützig, nachtragend und rachsüchtig. Genau davon erzählt Literatur, sie erzählt nicht vom richtigen Menschen, sondern vom Menschen. Sie erzählt von all jenen, die daran scheitern, die richtigen Menschen zu sein, oder zum Scheitern verdammt werden, sie erzählt auch von jenen, die das Richtige zu definieren versuchen, in ihrem Wunsch nach Ordnung, Gewalt und Herrschaft. Literatur erzählt davon, wie Menschen an sich selbst scheitern oder zugrunde gehen, und, ja, manchmal werden sie auch glücklich aneinander, zumindest für den Moment. Ganz sicher muss sie gerade nicht definieren, was der richtige Mensch ist, auch wenn es das gibt in Romanen, Gedichten, Essays, die dann aber vielleicht eher ideologisch als literarisch zu nennen wären. Sie muss Menschen nicht definieren, sondern darf sie zeigen in ihrer ganzen Zerrissenheit, in ihrer Verlorenheit zwischen dem, was mutmaßlich richtig, und dem, was mutmaßlich falsch ist. Literatur darf zweifeln, und sie darf auch verzweifeln. Sie ist nicht verpflichtet, Hoffnung zu geben, auch wenn es schön ist, wenn sie das kann.

Und ich gebe zu: Als ich die Arbeit an meinem letzten Roman beendet hatte, in dem ich mich mit dem wiederholten Scheitern der UNO im Anblick schlimmster Gräueltaten befasst hatte, mit Ohnmacht, persönlicher und institutioneller, mit dem, was innerhalb kürzester Zeit an Vernichtung möglich ist zwischen Menschen, und mit dem so hartnäckigen Umstand, dass offensichtlich immer wieder geschieht, was nie wieder geschehen sollte, Kriegsverbrechen und Völkermord, *plus jamais*, *never again*, dass es mir mit der Zeit so viel mehr eine menschliche Konstante zu sein schien als unsere Fähigkeit zum Frieden, da war es mit meiner Hoffnung vorbei. Ich war vollständig leer. Ich kultivierte keine leere Hoffnung, ich gab das Prinzip Hoffnung gänzlich auf. Sie war einfach verbraucht, bis ins Letzte, die Hoffnung darauf, dass das menschliche Miteinander nicht vor allem aus dem Zufügen von Leid besteht. Und auch, wenn es im Vergleich klein wirken mag: Auch die Hoffnung in die Literatur und ihre Kraft, die mal eine transformatorische, mal eine aufklärerische, mal eine tröstende ist, gab ich verloren.

»Die Geschichte lehrt, aber sie hat keine Schüler«, hat Antonio Gramsci einmal bemerkt. Ich bin mir nicht sicher, ob das stimmt, ich glaube, sie hat Schüler, aber die Geschichte lehrt eben nicht nur dieses: Nie wieder, sie lehrt für die, die es möchten, Umsturz, Unterdrückung, Überlegenheit, Indoktrination. Sie unterrichtet Revolutionstheorie, Willkürherrschaft, Massenmord und wie sich all das als legitim behaupten lässt. Sie unterrichtet, dass man wunderbar von Menschenrechten sprechen kann, von Freiheit, Würde und Gleichheit aller, wenn man nur eben sortiert, wem diese Rechte, die Würde und die Freiheit zustehen und wem nicht, wer gar nicht unter den Begriff des Menschen zu fassen ist oder weshalb der Mensch als Einzelner misshandelt werden darf, wenn dies dem Kollektiv oder der Partei dient.

Während der Recherche zu meinen Büchern und Reportagen habe ich immer wieder beeindruckende Menschen getroffen, aber ich habe auch viel Zynismus, Geltungshunger und Selbstherrlichkeit kennengelernt. Einige haben sich selbst gern als Weltretter gesehen, dabei nur falsche Hoffnung verkauft, weil der Handelspreis dafür gerade gut stand. Andere haben weggesehen. Wieder andere haben gezielt Hass geschürt. Mit Worten kann so vorzüglich gelogen und manipuliert werden, und immer wieder ist im Namen des Richtigen nichts anderes geschehen, als eigene Machtansprüche durchzusetzen auf Kosten anderer Menschen, ihrer Hoffnungen, ihrer Wünsche und ihrer Unversehrtheit.

Hoffnung sei gar nicht so gut, wie wir immer meinten, hat mir einmal eine Freundin gesagt. Sie binde nur Energie, und wir hielten uns an etwas, das gar nicht mehr mit der Wirklichkeit in Bezug stünde. Ja, das mag sein, und von den drei Stufen, die ich gelernt habe als berufliche Entwicklung innerhalb der UNO (aber sicher nicht nur da), vom Idealismus zum Pragmatismus zum Zynismus, halte ich den Pragmatismus in der Wirklichkeit vielleicht sogar für die beste Stufe. Doch das literarische Denken hat gerade die Kraft, das, was auf der planen Fläche der Wirklichkeit geschieht, zu übersteigen und zu durchdringen. Sie kann Utopien schaffen, ja, allerdings ist mein Wunsch danach vorsichtiger geworden. Sie hat vor allem die Kraft, uns ins Herz zu sehen ebenso wie dorthin, wo alles, was wir mit dem Herzen verbinden, aufhört, in die Abgründe und auf die Versteinerungen unserer Gefühle wie unseres Denkens.

Und sie blickt damit auch auf das, was zwischen uns liegt und was uns zugleich verbindet. Sie kann in das sehr intime Miteinander von zwei Menschen schauen ebenso wie auf die Dienstvorschriften, Funktionszusammenhänge, die Säle der Menschenrechtsausschüsse von Parlamenten und Vereinten Nationen und nicht zuletzt auf die Menschenrechte selbst, ihre mutmaßliche Universalität und darauf, dass sie davon abhängig sind, wer sie liest, wer sie hört, wer sie anwendet, gelten lässt, und für wen.

Es steckt eine Doppelbödigkeit ja auch in den Beschlüssen, in der Ambivalenz oder Dialektik der Werte, auch jener, die wir als große Errungenschaften ansehen. Wenn man mit den Menschenrechten die Menschen zu definieren beginnt, beginnt man auch das zu definieren, was nicht dazugehört, nicht dazugehören soll. Oder wie es

Toni Morrison beschreibt: »Die Menschenrechte, zum Beispiel, ein Organisationsprinzip, auf das die Nation sich gründete, waren unausweichlich an den Afrikanismus gekoppelt. Seine Geschichte, sein Ursprung wird ständig mit einem anderen verführerischen Konzept verbunden: der Hierarchie der Rassen. […] Das Konzept der Freiheit entstand nicht in einem Vakuum. Nichts rückte die Freiheit derart ins Licht wie die Sklaverei – wenn sie sie nicht überhaupt erst erschuf.«

Wie verlassen wir dieses Dilemma? Vielleicht können wir das Dilemma nicht lösen, und damit will ich nicht sagen, dass ich es gutheiße, nur will ich meinen, dass die Lösung weder jene ist, die Menschenrechte aufzukündigen, ihre Universalität allein als westliche Hegemonie anzuprangern, noch ist die Lösung jene, abzuleugnen, dass Menschen immer wieder den Wunsch entwickeln, richtiger zu sein als andere. Ich glaube allerdings, niemand ist gänzlich unversehrt, so wenig, wie irgendjemand gänzlich gut oder eben »richtig« und »passend« ist, es gibt nur einige, womöglich viele, die ihre eigene Unversehrtheit vorgeben oder ihr vollkommen schattenloses Dasein, ihren festen Stand auf der ganz und gar richtigen Seite.

Darum ist die Literatur, die mich interessiert, jene, die von der uns je eigenen Fähigkeit zur Verletzlichkeit wie zur Verletzung berichtet, und ich glaube, davon berichtet Literatur meistens, ich glaube, genau das ist es, was ein paar von uns zu dieser doch höchst merkwürdigen Tätigkeit drängt, tagaus tagein allein am Schreibtisch zu sitzen und mit Schattenfiguren durch die Welt zu gehen, Figuren, die eben auch aus unserem eigenen Dunkel entspringen. Literatur berichtet nicht davon, wie wir passende Menschen sind, sondern von unseren Widrigkeiten, Fehlbarkeiten und Verwundbarkeiten, und eben darum kann sie, auch wenn sie nicht immer schön und hoffnungsfroh ist, uns ein Halt sein.

Was sind schon fünfundzwanzig Jahre?

Um mich das Paradies, ungefähr. Die letzten beiden Badenden haben vor der Dämmerung den Pool verlassen, viele Hotelgäste sind ohnehin nicht mehr da, an der fast verlassenen Bar läuft ein französisches Chanson, und in einen der Flechtstühle gelehnt höre ich der Männerstimme zu:

Qui saura, qui saura, qui saura,
Qui saura me faire vivre d'autres joies
Je n'avais qu'elle sur terre
Et sans elle ma vie entière,
Je sais bien que le bonheur n'existe pas.

Vielleicht, weil die Stimmung am Vorabend des Gedenktags still ist, vorsichtig, eher wie die Stunden nach einem Fest, wenn die Besucher abgereist und die Gartenzelte abgebaut sind, vielleicht, weil es dennoch tags nicht so erdrückend leise war, wie ich gedacht hatte, in der Innenstadt von Kigali schlängelten sich die Mototaxis wie gewöhnlich an den Autos vorbei, gingen die Menschen ihren Wochenendeinkäufen nach, vielleicht, weil mir keine Vorstellung davon gelingt, wie man einen Tag begeht, an dem vor fünfundzwanzig Jahren der größte Völkermord nach dem Ende des Zweiten Weltkriegs begann, dem die internationale Gemeinschaft über Wochen tatenlos zusah, oder vielmehr sah sie weg, und vielleicht auch, weil ein Satz, der mir immer wieder in den Sinn kommt, ebenfalls auf Französisch ist: »Dans ces pays-là, un génocide n'est pas trop important«, »in diesen Ländern ist ein Genozid nicht besonders wichtig«, vielleicht werde ich deshalb dieses leichtfüßig schmachtende Chanson nicht mehr los:

Vous dites que je sortirai de l'ombre,
J'aimerais bien vous croire oui
mais mon coeur y renonce …

Der Satz über den Genozid stammt vom damaligen französischen Präsidenten François Mitterrand, und das Chanson wurde von Mike Brant gesungen. Dass Moshe Brand der eigentliche Name des Sängers ist und er zwei Jahre nach Ende des Zweiten Weltkriegs geboren wurde als Sohn einer Auschwitzüberlebenden, lese ich am nächsten Vormittag, meinen Laptop auf den Knien, über mir läuft der Fernseher. Ruanda sei eine Familie, erklärt Präsident Paul Kagame vor den Kameras im Kongresszentrum, dessen Kuppel ich in der Ferne durch mein Fenster sehen kann. Aus dem Nachbarzimmer dringt lautes Stöhnen, Sex gegen die staatlich verordnete Pflicht des Erinnerns, ein schmaler Riss in der Trauerflagge, die über dem ganzen Land hängt. »Existieren in einem Zustand anhaltenden Gedenkens«, so nennt Kagame es in seiner Rede, und er spricht von der jungen Generation, die den Völkermord nicht mehr selbst erlebt hat, von den fast sechzig Prozent der Ruander, die erst nach den hundert Tagen auf die Welt kamen, in denen sich das Land in eine menschengemachte Hölle verwandelte. Die Einigkeit über alle Gräben hinweg, über das Schweigen der einen und die Verzweiflung der anderen, das ist es, was in diesen Tagen wie ein Mantra wiederholt und beschworen wird, als Grundlage dafür der Generationenwechsel nach einem Vierteljahrhundert, aber was sind schon zweieinhalb Jahrzehnte. Etwas mehr als ein Vierteljahrhundert nach der Befreiung von Auschwitz, im Jahr 1972, wurde Brants Chanson zu einem großen Erfolg. Drei Jahre später sprang der Sänger aus dem sechsten Stock eines Pariser Hauses und nahm sich so das Leben.

Es sind die beiläufigen Fragen, die man so dahinsagt, um nicht auf die Politik zu sprechen zu kommen, auf die Vergangenheit, um niemanden in Verlegenheit zu bringen oder weil man gerade nicht nachgedacht hat und alles mit einer unverfänglichen Leichtigkeit meint:

Und welche Sprache sprichst du mit deinen Eltern?, fragt eine Bekannte ihren jungen Mitarbeiter.

Eltern habe er nicht mehr.

Es sind die Fragen aus Anteilnahme, ob geheuchelt oder aufrichtig, Fragen aus Höflichkeit vielleicht nur noch, fünfundzwanzig Jahre danach:

Und hast du Verwandte verloren?, fragt eine andere Bekannte meinen Begleiter.

Nein, ist nach kurzem Zögern seine Antwort, und in dieser Antwort teilt sich das Land wieder, teilt sich in jene, deren Eltern den Genozid geschehen ließen oder selbst töteten, und jene, deren Eltern ihn nicht überlebten oder ein Leben fortsetzten, das aus kaum mehr bestand als Verlust und Flashbacks, den plötzlich wiederkehrenden Sekunden, Minuten, Stunden, in denen das geschah, was das Land und in dem Land die Zeit erstarren ließ, so und ähnlich wird es mir umschrieben, und man kann eher aufzählen als erzählen von diesen Momenten, erstarrt in den Dingen, die übrig geblieben sind:

Die profanen Plastikbottiche in der Kirche in Nyamata, darin die Knochen wie gesammeltes Brennholz.

Die Kleiderberge auf den Bänken im Kirchenraum, in den die Menschen geflohen sind, um Schutz zu suchen, aber den gab es nicht.

Die Heilige Maria Muttergottes, die in hellblauem Gewand auf einem Sockel an der Wand über all das wacht.

Die Sohle eines Flipflops, Kindergröße.

Die weißen Fliesen im unterirdischen Massengrab.

Der Grashüpfer in der Vitrine mit den gespaltenen Schädeln.

Der ausgetretene Teppich in der ehemaligen Präsidentenresidenz. Im Garten, hinter dem Swimmingpool mit brackigem Wasser, die Flugzeugteile, eine zerstörte Turbine, ein Bruchstück aus einer Bordwand.

Die Residenz, eher Bungalow als Palast, ist mittlerweile ein Kunstmuseum, doch auf meiner Eintrittskarte ist handschriftlich *visit airplane remains* vermerkt, als wisse die Frau, die die Quittung ausgestellt hat, ganz genau, weshalb ich eigentlich hier bin, weshalb jene Touristen kommen, die keine Gorillas sehen wollen.

Für den Abschuss des Flugzeugs, bei dem der ruandische Präsident Juvénal Habyarimana, sein burundischer Amtskollege Cyprien Ntaryamira und einige Besatzungsmitglieder am 6. April 1994 ums Leben kamen, wurden regierungsnahe Militärangehörige ebenso wie die Tutsi-Miliz RPF und damit der Kreis um Kagame verdächtigt, geklärt ist er bis heute nicht. Auf den Tod Habyarimanas folgten damals die ersten Gewaltwellen, die sich immer weiter und tiefer durch das Land schlugen, ein kühl geplanter, umfassend vorbereiteter Völkermord an jenen, in deren Pässe das Wort *Tutsi* gestempelt war, auch wenn viele westliche Beobachter darin lieber einen plötzlich ausgebrochenen Blutrausch hatten sehen wollen, um der Pflicht des Eingreifens zu entgehen.

Während des *Walk to Remember* ist die Stadt abgesperrt, angehalten wie in einem Dornröschenschlaf. Menschen blicken aus den Nebenstraßen zu unserem Marsch herüber. An der Spitze geht Präsident Kagame, begleitet von den internationalen Besuchern, dem belgischen Premierminister Charles Michel, EU-Kommissionspräsident Jean-Claude Juncker, dem jungen französischen Parlamentarier Hervé Berville. Der in Ruanda geborene Franzose wurde von Präsident Macron geschickt, um in der verwickelten Beziehung zwischen Frankreich und Ruanda halbwegs diplomatisch die Einladung Kagames weder anzunehmen noch auszuschlagen.

Ich gehe am Ende des Zugs, direkt vor dem Sanitäterwagen, um mich herum junge Leute mit den offiziellen Gedenk-T-Shirts, *kwibuka25*. Gerade noch unterhielten sie sich über die besten Modeläden in Kigali, jetzt gehen wir schweigend. Uns entgegen rennen zwei Journalisten, die schnell noch eine andere Perspektive für ihre Bilder suchen, ansonsten bleibt es ruhig, die Gerüchte über mögliche Angriffe von in Uganda sich formierenden Milizen bewahrheiten sich nicht, und wir laufen ins Stadion ein, verteilen uns auf die Ränge, die bereits überfüllt sind, aber immer noch drängen weitere Menschen nach.

In einem Land, das zu klein ist, um einander aus dem Weg zu gehen, das vor allem aus Dörfern besteht, in denen jeder über jeden Bescheid weiß, mag gemeinsame Erinnerung überlebensnotwendig sein. Aber schon in den Flüchtlingslagern hinter den Landesgrenzen, in denen noch immer viele darauf warten, endlich nach Hause zurückkehren zu können, interessiert man sich nicht dafür, dass die Unterscheidung zwischen Hutu und Tutsi von der ruandischen Regierung offiziell nicht mehr erwünscht ist. Einige in den Lagern sind untergetauchte *génocidaires* von 1994, einige würden den Heimweg auch mit Waffengewalt erzwingen. Wie sollten diese Menschen sich an dasselbe erinnern wie die Angehörigen der Toten?

Auch wenn die Regierung die Erinnerung als etwas Einigendes glauben machen will, ist sie vermutlich das Trennendste, was dieses Land hat. Auf dem Rasen dreht sich eine gewaltige Flammeninstallation, dort unten, wo einmal mehrere tausend Menschen bei den UNAMIR-Soldaten Schutz suchten, die ihr Hauptquartier in und um das Stadion aufgebaut hatten. Junge Menschen verlesen Zeugenberichte, später wird eine Art Werbefilm gezeigt werden, in dem Prominente wie Bill Clinton Grußworte nach Ruanda schicken. Deutschland hält sich zurück bei dieser Trauerfeier.

Dabei war das Deutsche Reich bis 1919 Kolonialmacht in Ruanda, und vielleicht, um die alte Schuld ein wenig zu kompensieren, war Deutschland noch im Jahr vor Ausbruch des Völkermords einer der bedeutendsten Geldgeber. Allerdings ist auch das nicht nur ein ruhmreiches Kapitel, sondern beinhaltet einige düstere Förderungsentscheidungen, etwa der Unterstützung des Senders RTLM durch die Konrad-Adenauer-Stiftung, über den die Genozid-Propaganda bis in die abgelegensten Dörfer drang. Wer von den deutschen Entscheidungsträgern kannte schon Kinyarwanda? Gute Absichten verkehren sich zu leicht in ihr Gegenteil, wenn sie auf nur oberflächlichem Interesse fußen.

Schaut man sich die *Tagesschau* vom 9. April 1994 an, erfährt man etwas von der Evakuierung der Europäer aus Kigali und davon, wie jene zurückgelassen werden, die vom Mordplan unmittelbar bedroht sind. Bald war in den deutschen Nachrichten die Verunreinigung von Babynahrung wieder wichtiger als die Unruhen in Ruanda. In den USA riefen besorgte Bürger bei ihren Abgeordneten an, um sich über das Wohlergehen der Berggorillas zu informieren, verloren aber kein Wort über die Menschen. Als die internationale Gemeinschaft endlich, nach Wochen des Tötens, die Unruhen als Völkermord bezeichnete und sich zum Einschreiten genötigt sah, war die Bundesregierung schnell darin, die Bitte um militärische Unterstützung abzulehnen.

In unseren Händen halten wir Kerzen, zum Teil kaum mehr als Stummel, da deutlich mehr Menschen als vorgesehen im Stadion sitzen und als Kerzen vorrätig sind. Über uns gehen die Scheinwerfer aus, zehntausende Lichter erleuchten den Abend, eine Mischung aus katholischer Messe und Popkonzert, aber statt *Qui saura* von Mike Brant wird das offizielle Lied zum 25. Jahrestag gespielt. Wie soulig man das Wort *jenoside* singen kann, irritiert mich erst, aber warum sollte Gedenken aufrichtiger sein, nur weil wie bei den *Moorsoldaten* ein Militärmarsch darunterliegt?

Das Lied werde ich noch oft hören, im Bus zum Beispiel, mit dem ich von Huye nach Kigali zurückfahre, an einer Gedenkstätte vorbei und an noch einer, als wäre das ganze Land ein Genozidmuseum. Im Fernseher über dem Fahrersitz wird das Musikvideo im Wechsel mit einer Doku zum Völkermord gezeigt, wir fahren hundertdreißig Kilometer, einmal durchs halbe Land, durch Dörfer, an Plantagen vorbei, überholen uralte Schwerlaster, die mit zehn Stundenkilometern die Hügel hinauffächzen, und wieder beginnt das Lied von vorne.

Ich werde von den sieben Männern hören, die angeblich verhaftet wurden, weil sie sich in der Trauerwoche bei der Übertragung eines Fußballspiels amüsierten. Von dem Lehrer werde ich hören, der einer Schülerin sagte, ohne den Völkermord wäre sie nie so weit gekommen, ohne die Förderung für die Angehörigen der Genozidopfer. Auch er sei daraufhin verschwunden. Vielleicht nur Gerüchte, aber sie klingen glaubwürdig, wenn man sich an die Paranoia der Expats gewöhnt und das Schweigen in der Trauerwoche noch nicht zu übersetzen, aber zu verstehen gelernt hat.

Natürlich ist das nicht die einzige Geschichte, die man über das Land erzählen kann, über den Musterschüler internationaler Entwicklungspläne. Ruanda, das ist auch der Gebärdendolmetscher, der im staatlichen Fernsehen die Nachrichten für die gehörlosen Zuschauer übersetzt. Es ist das Haus der Westerwelle Foundation, hip und schick wie in Berlin-Mitte, in dem sich junge Start-up-Unternehmer treffen. Es ist das neue VW-Werk. Es ist die weltweit größte Beteiligung von Frauen im Parlament. Es ist der ordentlich gestutzte Rasen, die asphaltierte Straße, die Zebrastreifen auch noch in den kleinen Dörfern, die solide Stromversorgung, eine zumindest in der Hauptstadt leidlich gut funktionierende Internetverbindung, wenn man auch nicht weiß, wie viele Menschen die E-Mails mitlesen. Ruanda ist eines der stabilsten Länder der Region, und diese Stabilität hat ihren Preis.

Als das Flutlicht wieder angeht, ziehen einige europäische Journalisten mit ihrer Ausrüstung über den grell angestrahlten Rasen wie eine geschlagene Mannschaft. Die Bilder sind gemacht. Aus den Stadionrängen über mir höre ich noch die Schreie der Frauen, die einholt, was sie damals gesehen haben.

Am Montag blicke ich in die stechend blauen Augen eines Soldaten, der am Rednerpult steht, vor den Einschusslöchern, die noch immer zu sehen sind in der Wand des Flachdachbaus. Von der Veranstaltung im Kamp Kigali Memorial habe ich nur durch Zufall erfahren, am Freitag, als hier noch geschweißt wurde, ich durch die Ausstellung ging, die erst heute eröffnet wird, und mich ein älterer Mann bat, etwas ins Gästebuch zu schreiben.

Unter einem Zelt sitzen die Ehrengäste, Juncker, Michel, ein ruandischer Minister und einige mehr, von einem Absperrband getrennt stehen etwa zwei Dutzend Zuschauer, und einige Militärangehörige warten unter einem Baum. In die zehn Stelen für die zehn hier gefallenen belgischen Soldaten sind ihre Lebensjahre als Lücken in den Stein geschnitten. Ist die Erinnerung an die ruandische Kolonialzeit in Deutschland fast verblasst, erinnert man sich in Belgien noch etwas besser an die Zeit seit 1919, als diese Gegend hier im Versailler Vertrag von einem Teil Deutsch-Ostafrikas in ein dem Völkerbund unterstelltes, von Belgien verwaltetes Mandat umgeschrieben wurde, erinnert sich zumal an jene Soldaten, die fünfundsiebzig Jahre später, zweiunddreißig Jahre nach der Unabhängigkeit des Landes erschossen wurden, als sie die ruandische Premierministerin in der Nacht nach dem Flugzeugabsturz schützen sollten.

Mein Begleiter entschuldigt sich, dass er so reglos im Schatten bleibe. Er habe Angst vor Soldaten, fügt er hinzu, ich werfe ihm einen Blick zu, der beruhigend sein soll, aber wohl nur hilflos wirkt, und frage mich, warum ich gerade jetzt, als eine junge Frau, vermutlich die Tochter eines der gefallenen Soldaten, vor Weinen zu zittern beginnt, selbst die Tränen unterdrücken muss, warum mir die Szene so viel näher geht als jene im Stadion, wo ich nur Überwältigung, aber keine Trauer spürte. Weil die Zeichen und Rituale mir hier bekannter sind, wie bei einer Beerdigung und nicht wie bei einem Popkonzert? Weil Trauer erst möglich ist, wenn das Trauma nicht mehr alles überlagert? Weil zehn Tote fassbar sind, aber eine Million, das ist zu groß, das ist nur noch eine Zahl? Oder gibt es doch andere Gründe, jenen verwandt, wegen denen 1994 das Interesse so leicht wieder auf europäische Babynahrung gelenkt werden konnte, Gründe, über die ich mich gern erhaben glaubte und aufgrund derer ich mich vielleicht doch leichter wiedererkenne in der jungen Belgierin, die leise um jemanden trauert, als in der Ruanderin, die plötzlich aufschreit, weil alle schrecklichen Erinnerungen zurückkommen?

Die Ehrengäste verlassen nach und nach die Ausstellung, gehen wieder zu ihren neben dem Haus geparkten Limousinen, um zum Flughafen zu fahren, zurück nach Europa zu reisen. Auf den Stühlen liegen noch die Namenszettel, der von Jean-Claude Juncker ist verrutscht, morgen wird von ihrem Besuch nichts mehr zu sehen sein, nur die Einschusslöcher bleiben, wie seit fünfundzwanzig Jahren.

Gerechtigkeit für die Welt

»Ich hoffe, dass Sie mich jetzt besser kennen.« Mit ruhiger Stimme spricht der Angeklagte am 30. August 2018 zum vorerst letzten Mal vor dem Internationalen Strafgerichtshof in Den Haag. »Dass Sie jetzt wissen, dass der *Terminator*, der Ihnen vom Ankläger präsentiert wurde, nicht ich bin.« »Ce n'est pas moi«, wie es im Französischen protokolliert wird. »Das bin ich nicht.«

Bosco Ntaganda, Kongolese ruandischer Geburt, werden Kriegsverbrechen in dreizehn Fällen und Verbrechen gegen die Menschlichkeit in fünf zur Last gelegt. Ntaganda, der als einer der Gründer und Führer der M23-Miliz aus dem Versöhnungsversuch zwischen der kongolesischen Armee und der von Ruanda unterstützten Rebellengruppe CNDP ausgeschert sein soll, Ntaganda, der erste wirklich gewichtige Strippenzieher, der sich aus dieser Region vor dem Den Haager Gericht verantworten muss, einer Region, die selbst nur ein kleiner Stein auf dem Schachbrett der Macht ist und ein Gigant, blickt man auf die Bodenschätze, Ntaganda trägt eine Krawatte mit roten und roséfarbenen Streifen und wirkt distinguiert, fast wie ein Elder Statesman.

Dabei ist sein Werdegang alles andere als diplomatisch.

Unter dem Namen *Terminator* soll er als Milizenführer im von Gewalt und Rohstoffausbeutung zerschundenen Osten Kongos aktiv gewesen sein, in den Kongokriegen, von denen in Europa nicht allzu oft die Rede ist. Sie gehören zu den brutalsten und verstricktesten Konflikten unserer Gegenwart, in denen fast vier Millionen Menschen starben, ein Dutzend Länder oder vielmehr ihre Machthaber involviert waren und im Schatten der Regierungschefs und Milizenführer auch globale Unternehmen, die aus der Verheerung Profite zogen, und für all jene steht nun stellvertretend ein einziger Mann im Verhandlungssaal: Bosco Ntaganda.

Mutmaßlich soll allerdings ein noch mächtigerer Mann hinter den paramilitärischen M23-Rebellen stehen. Der ruandische Präsident Paul Kagame könnte durch sie seinen Einfluss in der Region absichern, während er auf dem internationalen Parkett den Musterschüler der Entwicklungspolitik gibt und den ehemaligen Kolonialmächten Frankreich und Belgien regelmäßig die Leviten liest. Allein am Beispiel Kagame kann man die komplexe Verzahnung von Kooperation und Ausbeutung, von Schuld und Hilfe ablesen. Wenn man sie denn sehen will.

Kagame lässt man lieber in Ruhe. Jemand wie Bosco Ntaganda hingegen ist ein dankbarer Fall für die globale Justiz: ein von keinerlei offiziellen Sympathien geschützter Milizionär, der seit Jahrzehnten für Destabilisierung und Schrecken in der Region mitverantwortlich ist. An ihm kann man die Grenze aufrechterhalten zwischen schmutziger, völkerrechtswidriger Gewaltmiliz und der sauberen Sphäre internationaler Zusammenarbeit.

Ntaganda war schon lange vor Gründung der M23 in die Kriegsgeschehen in der Grands-Lacs-Region involviert, in dem Dreiländereck Ruanda, Burundi und dem Osten der Demokratischen Republik Kongo, in dem sich Milizen um die Tagebaue, die Kobaltminen, um Coltan und Diamanten streiten. Die Zivilgesellschaft findet keine Ruhe, erlebt Massaker oder lebt zumindest in stetiger Angst davor, so als setze sich die Ausbeutung, die unter dem belgischen König Leopold II. begonnen hatte, seit einhundertfünfzig Jahren ununterbrochen fort. Rechtfertigen müssen sich jene, die den Gewinn abschöpfen, bis heute selten. Und wenn, dann mit Verzögerung.

Erst fünfundzwanzig Jahre nach dem Genozid in Ruanda wurde in Paris eine Kommission ins Leben gerufen, die die französische Mitschuld während des Völkermords aufklären soll. Eine frühere Kommission hatte eher beschwichtigenden, wenn nicht apologetischen Charakter gehabt. Laut dem Forscher François Graner, dem Zugang zum Archiv des ehemaligen Präsidenten François Mitterrand gewährt wurde, ist die Beweislast für dessen Kenntnis der genozidären Absichten des Habyarimana-Regimes erdrückend. Ein Ruanda unter französischem Einfluss galt es zu verteidigen, koste es, was es wolle. Auch die von Präsident Macron eingesetzte Historikerkommission schreibt in ihrem aktuellen Bericht von schwerer Verantwortung der französischen Regierung, von Blindheit und Versagen. Dass man heute Kagame in Ruhe lässt, ist vielleicht nur ausgleichende Ungerechtigkeit in der seit je bestehenden.

Statt Mitterrand oder Kagame steht vor Gericht ein

Mann mit gestreifter Krawatte und dem vorgeblichen Wunsch, wir mögen ihn nun besser kennen. Wen ich im Saal des Strafgerichtshofs von Den Haag erkenne, das ist auch eine Frage der Rhetorik. Es sind die Worte, die gesagt, und die Worte, die übersetzt werden. Es sind die Pausen in der Simultanübertragung. Es sind die Nachfragen oder die verwunderten Blicke, wenn ein Wort oder eine Wendung nicht verstanden wurde. Schuldig gesprochen wird Ntaganda erstinstanzlich in allen Punkten, sein Strafmaß berechnet sich aus dem Maß der Teilhabe an den Verbrechen. Nach der Urteilsverkündung dankt er seiner Frau für ihre Unterstützung. Er dankt den Richtern, dem Prozess, vielleicht sogar dem Prinzip der Jurisprudenz als solchem. Er ist ein dankbarer Mensch vor dem Tribunal. Im Protokoll. Am Schlusspunkt eines Prozesses, der mit einem Haftbefehl begann und der nach insgesamt 248 Anhörungen, 80 Zeugenauftritten, 2129 Opfern, die das Verfahren verfolgt hatten, nun sein vorläufiges Ende findet, zumindest das öffentliche. Bosco Ntaganda. Kein kleiner Fisch. Und dennoch.

Ein Jahr später blicke ich durch eine Glasscheibe auf den Gerichtssaal 1 des Internationalen Strafgerichtshofs hinab. »All rise«, ruft der Saaldiener, ehe die drei Richter mit wehender Soutane und einer halben Stunde Verspätung den Verhandlungssaal betreten, einer der Verteidiger hat verschlafen. Justitia tritt auf in antiquierten Roben, die zwar unter ihren flatternden Säumen Turnschuhe und Plastiksandalen zeigen, einer der Verteidiger geht sogar auf Socken in die Besprechungspause, doch ich kann mich des Eindrucks nicht erwehren, hier gäbe der alte europäische Adel noch einmal seine Vorstellung, um eine Welt zu ordnen, die er zur Gänze nicht kennt und nicht verstehen kann und will. Was wäre dagegen eine in sich ruhende Justitia, deren verbundene Augen nicht erkennen, woher die Angeklagten kommen, welche Augenfarbe sie haben, welche Hautfarbe, und die vielleicht auch nicht weiß, wie sie selbst eigentlich aussieht?

Wir stehen über den spärlich besetzten Zuschauerraum verteilt, ein Vater mit seinem jugendlichen Sohn, in einer anderen Reihe ein einzelner junger Mann und ganz vorne ich, nah an der Glasscheibe. Die meisten Plätze auf der Zuschauertribüne, mit Schildern wie *Corps Diplomatique* und *Media* markiert, bleiben leer. Außer mir hat an diesem Tag niemand damit gerechnet, dass die Sitze knapp werden könnten, an einem gewöhnlichen Verhandlungstag, beim Prozess gegen Dominic Ongwen, von dem außerhalb dieses Gerichts kaum jemand in Den Haag, den Niederlanden, in ganz Europa je gehört hat. Unter den Blicken der wachhabenden Polizisten bin ich schon zwei Stunden lang auf und ab durch die Dauerausstellung gelaufen, habe mir Schautafeln mit der Aufschrift *Ceci est un crime* angesehen und in der Cafeteria einen veganen Smoothie getrunken, auf den Tischen lagen Tierschutzmagazine aus, am Nachbartisch ging es um Beziehungsflüchtlinge, womit jene Richter gemeint sind, die sich aufgrund von Eheproblemen besonders gern um die halbe Welt versetzen lassen. Nordeuropäische Normalität und Achtsamkeit.

Nun steht Ongwen an diesem Ort, in dieser Normalität. Er wird als Mitglied der *Lord's Resistance Army* in siebzig Anklagepunkten der Kriegsverbrechen beschuldigt und der Verbrechen gegen die Menschlichkeit. In einundsechzig Punkten wird er schuldig gesprochen und zu fünfundzwanzig Jahren Haft verurteilt werden. Die Richter werden beim Strafmaß berücksichtigen, dass er selbst als Kind entführt und in die Miliz gezwungen wurde. Einst galt die LRA als brutalste Terrororganisation der Welt. Dann griff Al-Qaida die USA an, die Bedrohung durch den islamistischen Terrorismus rückte dem Westen näher, als es die LRA je tat. Seitdem, so scheint es, interessiert sich die westliche Öffentlichkeit nicht mehr so sehr für das, was in Norduganda geschieht. Nicht für die *spirits*, die LRA-Gründer Joseph Kony hörte, für seine vernichtungswilligen Eingaben vom Heiligen Geist, für seinen christlichen Fundamentalismus und auch nicht für die von der LRA entführten, misshandelten und indoktrinierten Kinder. Eins davon sitzt heute in Den Haag vor Gericht: Dominic Ongwen.

»Sie finden vor sich die Zeugenkarte. Lesen Sie die Verpflichtung laut vor«, wird Zeuge UGA-D26-P-0084 aufgefordert.

»Ich erkläre feierlich, dass ich die Wahrheit sagen werde, die volle Wahrheit und nichts als die Wahrheit«, liest er stockend von der Karte ab.

Ongwen, hinter seinen Verteidigern auf einem Drehstuhl sitzend, bleibt reglos, wie die meiste Zeit während dieses Prozesstages. Er ist Mitte vierzig, hat ebenmäßige Gesichtszüge, eine ruhige Mimik. Wüsste man nichts über ihn, würde man ihn als angenehme Erscheinung beschreiben. Eine Zeugin, die ich später höre, erzählt von

Vergewaltigungen an jungen Mädchen, späten Kindern. In der Liveübertragung, die über unseren Köpfen auf zwei Fernsehbildschirmen läuft, wird er selten eingeblendet, überhaupt scheint es, als sei der Angeklagte hier nur eine Nebenfigur. Er ist der Einzige aus dem Führungsstab der LRA, der seit Eröffnung des Verfahrens gegen die Rebellenorganisation gefasst werden konnte. Joseph Kony bleibt zusammen mit einem anderen Mann flüchtig, zwei weitere sind über die sich hinziehenden Untersuchungen verstorben. Einmal blickt Ongwen kurz hoch, ab und an notiert er etwas in einem Heft.

Der Internationale Strafgerichtshof, kurz ICC, tritt mit nicht weniger als dem Anspruch auf, der globalen Gerechtigkeit in Form der Rechtsprechung eine dauerhafte Institution zu sein. Seine Vertragsgrundlage bekam er erst vor wenig mehr als zwanzig Jahren mit dem Römischen Statut und nahm 2002 die Arbeit auf. Keine Siegerjustiz wie das Nürnberger Tribunal sollte hier stattfinden, kein Ad-hoc-Gericht wie jene zum ehemaligen Jugoslawien und zu Ruanda, die auf- und bald wieder abgebaut wurden, sondern eine bleibende Institution geschaffen werden, vor der sich die Täter der schlimmsten denkbaren Verbrechen verantworten müssen: Verbrechen gegen die Menschlichkeit, Kriegsverbrechen, Völkermord und Verbrechen der Aggression.

Doch wie gelingt es dem Internationalen Strafgerichtshof, seinen Idealen ebenso wie seinen Aufgaben zu folgen? Kann globale Rechtsprechung in der Praxis funktionieren? Man kann diese Fragen idealistisch stellen: Wird aus Recht Gerechtigkeit? Oder eben pragmatisch: Wer zahlt eigentlich dafür?

Kein Gericht, und sei es aus noch so idealistischen Gründen entstanden, existiert im luftleeren Raum. Gehälter müssen gezahlt werden, die leicht den Jahres-, vielleicht sogar Lebensverdienst vieler Zeugen, die hier aussagen, übersteigen. Dass eine Gruppe ICC-Richter erst Anfang 2019 für sich selbst höhere Bezüge und bessere Renten einklagte, mehrt nicht unbedingt die Sympathien für den Apparat. Lebensrealitäten treffen aufeinander und zeigen, wie extrem schwer vermittelbar die eine im anderen ist.

Gerechtigkeit ohne Recht jedenfalls bleibt ein leeres Versprechen, und gezahlt wird von den Mitgliedsstaaten. Das aber könnte ein Problem sein, nicht nur des ICC. Hat, wer mehr zahlt, auch mehr Macht? Wieder einmal triumphiert womöglich die Frage nach Wohlstand über andere Kategorien. Wieder einmal trifft Ideal auf Wirklichkeit. Aus Recht wird Gerechtigkeit je nachdem, wie die Wirtschaft läuft. Die Kriege und Konflikte der Welt finden nicht in den führenden Industrieländern statt. Die liefern zwar oft genug die Waffen, aber dafür stand noch niemand in Den Haag vor Gericht.

»Wenn du dich weigertest zu tun, was Kony verlangte, wurdest du getötet«, wird der Zeuge des Folgetags sinngemäß aussagen. Ongwen sei Opfer, das will die Verteidigung unterstreichen, wenngleich ein Opfer, das zum Täter wurde. Er habe in einem System durchgehalten, in dem Widerstand und Fluchtversuch mit dem Tod, mindestens mit Misshandlungen und Erniedrigungen bestraft wurden.

Doch Ongwen hat in der LRA nicht nur überlebt, er hat sich hochgedient, er hat grausame Verbrechen veranlasst und selbst begangen. Ongwen konnte, folgt man der Vernehmung über viele Prozesstage, ein amüsanter, liebenswerter, beliebter Mensch sein. Und er konnte ebenso ein schwerer Kriegsverbrecher sein, verantwortlich für Morde, Vergewaltigungen, Plünderungszüge. Er ist nicht so eindeutig, wie manche einen Täter gerne hätten.

Dass bei den aktuellen dreizehn »situations under investigation« nur drei außerhalb Afrikas liegen, kritisiert nicht nur die Afrikanische Union. Der ICC, gegründet, um globale Justiz zu schaffen, scheint zu einer Verurteilungsbank für den afrikanischen Kontinent geworden zu sein. Das aber liegt nicht zuletzt auch daran, dass Länder wie die USA, Saudi-Arabien, Russland und die Türkei sowie Syrien das Römische Statut gar nicht erst ratifiziert haben. So entziehen sich etwa alle mutmaßlichen Kriegsverbrechen Assads auf dem eigenen Territorium dem Zuständigkeitsbereich des ICC, sofern das Gericht nicht vom UN-Sicherheitsrat zum Handeln aufgefordert wird. Mit Russland als Vetomacht ist das kaum vorstellbar. So viel zur Internationalität des Internationalen Strafgerichtshofs.
»Es gibt einen Vorgang, der mich zutiefst beunruhigt: die Verletzung der richterlichen Unabhängigkeit mithilfe der Vereinten Nationen«, erklärte Christoph Flügge seinen Rücktritt als Richter im IRMCT, dem Nachfolger der Strafgerichtshöfe für Jugoslawien und Ruanda. Sein türkischer Kollege Aydın Sefa Akay war auf Druck der

Türkei vom ICC entlassen worden. Die »diplomatische Welt hat offenbar keine Vorstellung davon, was eine unabhängige Justiz wert ist«, warnte Flügge. Der Fall Akay sei »ein Sündenfall« und »nicht reparabel«, gleichwohl sei die Haltung der Türkei keine Ausnahme. Flügge erinnerte an die Aussage von John Bolton, Sicherheitsberater unter Präsident Trump, der dem ICC den Tod wünschte. Die USA verstehen keinen Spaß, wenn auch ihre Soldaten ins juristische Kreuzfeuer geraten.

Als im Fall Afghanistan zu erwarten stand, dass dabei auch US-amerikanische Verbrechen in den Fokus geraten könnten, wurde der Chefanklägerin Fatou Bensouda kurzerhand das Einreisevisum in die USA entzogen, um Druck auf das Gericht aufzubauen. Mit Erfolg: Im April 2019, vier Monate nach Flügges Rücktritt, entschied die Vorverfahrenskammer, keine Situationsermittlungen zu mutmaßlichen Verbrechen in Afghanistan ab Mai 2003 einzuleiten.

Gegen die britischen Verantwortlichen im Irakkrieg gab es zumindest Voruntersuchungen. Diese allerdings schleppten sich deprimierend langsam voran und wurden schließlich eingestellt. Immer wieder hat es den Anschein, als würden sich die Gräuel und ihre Täter dort schneller und klarer zeigen, wo keine Interessen der Großmächte, keine finanzkräftigen Parteien involviert sind. Globale Justiz mag so aussehen, globale Gerechtigkeit nicht.

Verhandelt werden kann derweil über jemanden wie Ongwen, und so wichtig es ist, auch jenseits der weithin sichtbaren Kriegsregionen die Gewalttreiber zur Rechenschaft zu ziehen, so ist Ongwen eben niemand, der die Fäden in der Hand hat auf der weltpolitischen Bühne, in den großen militärischen Konflikten, die unsere – in Europa so friedlich wirkende – Gegenwart verwüsten. Und befriedet der ICC die Konflikte in Norduganda überhaupt? Jonathan Littell, der 2016 den Film *Wrong Elements* über die LRA herausbrachte, warf dem ICC in einem ZEIT-Interview vor, die Friedensverhandlungen mit der LRA seien »in dem Moment kollabiert, in dem der Internationale Strafgerichtshof die Haftbefehle gegen die LRA-Kommandanten erlassen hat. Von diesem Moment an gab es für Kony keinen Anreiz mehr, den Krieg zu beenden, weil er wusste, dass er auf jeden Fall in Den Haag landen würde.«

Und die Vorwürfe gegen den ICC gehen weiter. Man kann durch eine Anklage unliebsame Kontrahenten loswerden, wie dies möglicherweise im Fall des kongolesischen Präsidentschaftsanwärters Jean-Pierre Bemba geschehen sein soll. Das Verfahren gegen den kenianischen Präsidenten Uhuru Kenyatta wiederum wurde aus Mangel an belastbaren Beweisen eingestellt und ließ ihn so als Gewinner gegenüber der Einmischung fremder Gerichte dastehen – besser, sagen manche, man hätte das Verfahren gar nicht erst eröffnet. Dominic Ongwen wiederum, vor seiner Überstellung nach Den Haag in der bürgerkriegsversehrten Zentralafrikanischen Republik unterwegs, konnte sich dank der Überstellung an den ICC einer vermutlich ungleich härteren Strafe vor Ort entziehen.

»Aber wir können die Standards ja nicht nach unten korrigieren, nur weil es woanders schlimmer ist«, sagt mir ein ehemaliger Mitarbeiter des ICC. »Wir kämpfen seit

Jahrzehnten für die Abschaffung der Todesstrafe, wir können sie ja nicht wieder einführen, nur weil es sie in einigen Ländern weiterhin gibt.«

Das stimmt natürlich, aber kann der ICC mit den Mitteln des Rechts die Welt gerechter machen? Spielt die Welt überhaupt mit? Burundi, Südafrika und die Philippinen haben die Zusammenarbeit mit dem Gericht wieder aufgekündigt, auch Namibia zieht es in Betracht, weitere Länder könnten folgen. Obendrein wurden seit Bestehen des Gerichts erst wenige Verfahren abgeschlossen.

Dennoch ist es gut, sogar notwendig, dass es diese Institution gibt, trotz all ihrer Fehler. Die Gründung des ICC kam damals einer völkerrechtlichen Revolution gleich, mit der wenige gerechnet hatten, und nach der Revolution können sich eben auch die Schwächen einer starken Idee zeigen. Anders wäre die Idee einer internationalen Rechtsprechung nur eine Utopie, ein frommer Wunsch. Dass sie im Hier und Jetzt ihre Fehler und Tücken zeigt, mag nicht dem Traum von globaler Gerechtigkeit entsprechen, dem man sich gern hingäbe, aber nur auf Grundlage dessen, was wirklich werden konnte, kann man reformieren, kritisieren und weiterentwickeln.

Und jetzt steht er da, der Glasbau des Gerichts, dahinter erstreckt sich das Naturschutzgebiet der niederländischen Dünen. Die geschützte Umweltzone im Dreieck aus Nordseestrand, Gefängnis und Gericht, das ist das eine. Die Umwelt, in die der Zeuge UGA-D26-P-0084 zurückkehrt und die ihn womöglich eben deshalb verdächtig findet, weil er Zeuge gewesen ist, das ist das andere. Nachdem der präsidierende Richter Bertram Schmitt ihm eine gute Rückreise gewünscht und dafür gedankt hat, gekommen zu sein, ergreift der Zeuge noch einmal das Wort. Wie, fragt er, werde seine Sicherheit garantiert, nachdem er seine Aussage gemacht habe? Er denke an die Rückkehr in seine Heimat. Der Richter verweist ihn an die Zeugenschutzstelle des ICC und erklärt damit die Befragung für beendet. »Wir setzen die Anhörung morgen mit dem nächsten Zeugen um 9.30 Uhr fort, und ich glaube, es handelt sich um Zeuge D-118? D-19? Okay. Wie auch immer. Einen schönen Tag noch.«

Zwanzig Jahre vor Ntagandas und Ongwens Auftritten vor dem Internationalen Strafgerichtshof beherrschte der Prozess gegen Slobodan Milošević die deutschsprachigen Nachrichten. Die serbischen Kriegsverbrecher töteten in Europa und ließen in Europa töten. Sie konfrontierten uns mit der Tatsache, dass es wieder möglich ist, was nie wieder möglich sein sollte, dass in Europa eine Bevölkerung »ethnisch gesäubert«, dass ein Völkermord begangen wird. Sie waren christlich, sie waren weiß. Sie waren darin wie die Mehrheit in Deutschland, Frankreich, Italien, Polen, und der Mehrheit ist es vielleicht immer lieber gewesen, Angst vor dem Schwarzen Mann zu haben, der die Veranlagung zur vernichtenden Tat doch ganz sicher in den Pigmenten seiner Haut trägt und dadurch den Weißen ihre vermeintliche Reinheit bewahrt. Wir hoffen, dass die Terminatoren, die uns von der Anklage präsentiert werden, nicht wir sind, oder auch: Das bin ich nicht. »Ce n'est pas moi.«

Sollten wir Rassismus einmal tatsächlich überwunden

glauben, wird er sich immer noch darin zeigen, welche Täterschaft uns schockiert und von welcher wir nicht einmal Kenntnis nehmen, weil sie uns zu selbstverständlich erscheint. Mit wie vielen Schritten haben wir uns in wie vielen Jahren von Mr. Kurtz entfernt, Joseph Conrads Helden, der das »Herz der Finsternis« bereist, den Kongo, und vor der Gewalt erschauert, die jenseits oder hinter oder abseits der angeblichen Zivilisation liegt? Einer »Zivilisation«, die den Kautschuk aus dem Kongo holte und den *savages* die Hände abhackte, wenn sie nicht effizient genug waren.

»Während der Kolonialherr oder der Polizist den Kolonisierten den ganzen Tag lang ungestraft schlagen, beschimpfen, auf die Knie zwingen kann, wird derselbe Kolonisierte beim geringsten feindlichen oder aggressiven Blick eines anderen Kolonisierten sein Messer ziehen«, schrieb Frantz Fanon 1961. »Denn die letzte Zuflucht des Kolonialisierten besteht darin, seine Würde gegenüber seinesgleichen zu verteidigen. [...] Wir haben es hier eindeutig mit einer kollektiven Form von Ersatzhandlungen zu tun. Brüder vergießen ihr Blut, als verhülfe ihnen ein solches Handeln dazu, das wahre Hindernis zu übersehen, die wahre Entscheidung zu vertagen, die auf nichts anderes hinauslaufen kann als auf den bewaffneten Kampf gegen den Kolonialismus.«

Die Rache traf und trifft eher die Mittelmänner oder -frauen oder die Sündenböcke, die nichts verschuldeten, aber alles sühnen, was an empfundenem Leid geschehen ist, als jene, von denen die ursprüngliche Gewalt ausging, die für die Unterdrückung maßgeblich verantwortlich waren. Gewalt wird leichter nach unten weitergegeben.

»Wir haben gesehen, wie unser Land ausgeplündert wurde im Namen von Gesetzen, die nur das Recht des Stärkeren anerkannten. Wir haben Gesetze kennengelernt, die danach unterschieden, ob sie sich auf Weiße oder Schwarze bezogen.« Auch das war einmal Recht und ist es subkutan vielleicht immer noch. Lumumbas Rede 1960, am Tag der kongolesischen Unabhängigkeit, war ein erstes öffentliches Sprechen, das sich auf Augenhöhe setzte mit dem weißen belgischen König. Eine Undenkbarkeit, die plötzlich wahr wurde. Man reichte den *savages* die Hand, die sich mittlerweile in Anzüge kleideten und Französisch sprachen, vielleicht sogar eine Universität besucht hatten, man war großzügig, in ihnen Menschen zu erkennen und den Menschen nun auch noch ein eigenes Land zu schenken, aber dafür erwartete man doch Dankbarkeit und nicht, dass einer dieser Menschen vortrat ans Mikrofon. König Baudouin, der noch wenige Minuten zuvor seinem Vorfahren König Leopold II. gedankt hatte für all das, was dieser an Licht und Zivilisation ins Herz des finsteren Nachbarkontinents gebracht hatte, wird eben das nicht vorgesehen haben. Er hatte nicht vorgesehen, dass die Finsternis im Herzen der Europäer lag.

In den ebenerdigen Wohnzimmern der Den Haager Häuser in den Nachbarstraßen des Gerichts sind die Gardinen aufgezogen, man blickt in behagliche Wohnungen, auf stilvolle Möbel. Viel Licht fällt durch diese großen Puppenhäuser, in einem Wohnzimmer sehe ich zwei Kinder Richtung Garten laufen, es ist, als könnte nichts dieses Idyll erschüttern.

Irgendwann werden sie zum ersten Mal nach Amsterdam fahren.

Irgendwann werden sie bemerken, dass die Windmühlen im Zugfenster stillstehen, aber das hat noch Zeit.

Irgendwann werden sie bemerken, dass es nicht nur Anfang und Dauer gibt, sondern auch Ende und Verlust.

Irgendwann werden sie bemerken, dass es auch ganz andere Puppenhäuser gibt, aber das hat kein reales Gewicht.

Je länger ich Bosco Ntagandas Foto kenne, es sind nun schon fast vier Jahre, desto vertrauter scheint er mir. Unsere Beziehung verändert sich mit den Monaten, wenn auch nur einseitig. Manchmal klicke ich das Bild versehentlich an auf einer Suche nach etwas völlig anderem.

Wer ist Bosco Ntaganda? Und wer übrigens bin ich, die ich ihn betrachte? Um diese Pole fluktuiert seine Rede: Zwischen ihm und mir, zwischen sich und den Zuhörern, dem Hier und dem Da, dem Eigenen und dem Fremden, dem Draußen und Drinnen, dem Ich und Du und Ihnen und dazwischen verläuft der Äquator.

»Ce n'est pas moi.«

Zeuge um Zeugin um Zeuge saß auf dem Drehstuhl unterhalb der Zuschauertribüne, mal unbeholfen und mal kerzengerade, aber immer schien dieser Stuhl falsch zu sein, zu groß oder zu klein, zu hoch oder zu weit vom Mikrofon entfernt, dahinter die Flagge des ICC, wie das Banner bei einer politischen Entführung, das hinter dem Opfer aufgespannt wird, um die Tat für sich zu reklamieren.

Diese Menschen aber sind freiwillig hergekommen, um ihre Geschichte zu erzählen, sichtbar zu machen, vielleicht mit der Hoffnung, sie loszuwerden, aber eine Geschichte wird man nicht los. Man kann sie nur aussprechen. Es sind zwei Mikrofone auf den Mund der Zeugen gerichtet, der leuchtend rote Ring unterhalb des Plastikschaums weist ihre Aktivität aus. Vielleicht ist die Hoffnung da, dass sich die Geschichte wenn nicht loswerden, dann doch umschreiben ließe, sie sich fügt, ist sie nur einmal ausgesprochen. Aber alles, was hier geschehen kann, ist, die Geschichte aus Stummheit, Ohnmacht, Tremor zu lösen. Ein Zeuge, eine Zeugin spricht zwei Stunden, sie haben ein ganzes Leben zu erzählen. Und doch sind diese zwei Stunden fast zwei Stunden mehr, als in Nürnberg oder beim Russel-Tribunal möglich waren, bei jenen Prozessen, bei denen es nur um die Täter ging und die Opfer nicht mehr als Indizienlieferer waren. Zwei Stunden. Immerhin.

Und wer waren Sie bei alldem? Niemand, denken Sie, natürlich, Sie waren ja nicht dabei. Sie haben bis vor kurzem vielleicht nicht einmal gewusst, dass es einen Mann namens Bosco Ntaganda gibt oder namens Dominic Ongwen. Sie haben keine Befehle gegeben, keine erhalten, keine ausgeführt. Sie waren nicht dabei. Sie waren das nicht. »Ce n'est pas moi.« Denn das eben ist das Prinzip unseres Gewissens, das Prinzip der Distanznahme. Wer sind Sie? Wer ist Bosco Ntaganda? Und wer bin ich, Sie all das zu fragen?

Das Gestern im Heute

Vier Versuche über das Böse

I Der Spieler. Über Variationen des Teufels

In einem meiner Bücherregale steht dunkel gerahmt eine Schwarz-Weiß-Fotografie, ein matt erleuchtetes, erschrockenes Gesicht, das in eine Flamme starrt. Dieses Bild steht dort schon so lange, dass ich es nicht mehr wahrnehme, wenn ich daran vorbeigehe, und nun, da ich mich doch noch einmal davorgestellt habe, um es zu betrachten, erscheint neben oder vielmehr über dem Foto, das Faust bei der Beschwörung des Feuergeistes zeigt, als Schatten über dieser Theaterszene ein anderes Gesicht: die weiß geschminkte Fratze mit den zu hohen, spitz zulaufenden Augenbrauenstrichen. Nirgendwo in meiner Wohnung ist ein Szenenbild mit Gustaf Gründgens als Mephistopheles aufgestellt, und doch ist sein Gesicht präsenter als die schreckhafte Miene Fausts, auf die ich blicke, in seinem billigen, im Ausverkauf eines Fotogeschäfts erworbenen Rahmen. Gründgens' Gesicht, diese Ikone des verschlagenen, doppelbödigen, zynischen, ja vielleicht bösen, in jedem Fall aber: Spielers, hat sich mir tiefer eingeprägt, als es der brave, ein wenig kluge, ein wenig verzweifelte, in seinem Wunsch nach Glücksempfinden auch ein wenig skrupellose und blöde Faust je könnte, obwohl er seit Jahren in meinen Flur hineinschaut. Mit dem Charisma des Bösen kann er es einfach nicht aufnehmen.

Natürlich, der Teufel stank einmal nach Schwefel und humpelte auf seinem Ziegenfuß, aber er war zugleich immer auch Verführer, »a man of wealth and taste«, wie es Mick Jagger in den späten 1960er Jahren in *Sympathy for the Devil* singt, seine Lippen betten wollüstig die Silben ein, Jagger im weißen, hautengen Anzug, der sich selbst zum Teufel singt, »So if you meet me / Have some courtesy / Have some sympathy, and some taste«, natürlich, ein Verführer, doch nicht nur ein Verführer ist der Teufel, stets ist er auch eine Projektionsfigur, vielleicht liegt darin das Allerverführerischste an ihm, verführerischer als Jaggers Lippen und sein weißer Anzug. Er ist die Abschreibesumme unserer Moral, Sündenbock und vermeintlicher Kontrast. Eine Figur, in die wir hineinlegen können, was wir nicht so gerne in uns selbst sehen.

Das Herrschaftsgebiet des Teufels ist jener Ort, in dem das regieren darf, was sich unserem Wunsch nach Ordnung widersetzt: Gewalt und Brutalität, Chaos, Anarchie. Seine Politik ist das Spiel, jenes Spiel, das sich an keine Regel hält und nichts will als das Spiel selbst. Das Spiel um des Spiels selbst willen. Das reine Spiel.

»Vor Gott ein Spiel zu treiben, ein Werk der Kunst – nicht zu schaffen, sondern zu sein«, so beschreibt der Religionsphilosoph Romano Guardini die katholische Liturgie, die zweckfrei sei, aber voll tiefen Sinns, wie es sonst nur dem Spiel der Kinder und Engel eigen ist. Aus dem Abgrund aber hört man das hohle Lachen des Teufels. Was, wenn dieses Spiel von den gefallenen Engeln, von den dämonischen Kindern getrieben wird? Sie bringen nicht nur Gewalt auf das Spielbrett, sondern jene Zerstörung und Vernichtung, die wir nicht begreifen können, weil sie sich nicht aufschlüsseln lässt, weil sie keinem Plan folgt, weil sie zeigt, dass der tiefe Sinn nur ein Schattenspiel war. Sie halten einen Scheinwerfer darauf, und alles verschwindet im Nichts.

»Do I really look like a guy with a plan?« Mit einer roten Perücke und einem weißen Schwesternkittel verkleidet, hat ein Mann ein Krankenhauszimmer betreten. Als er den Mundschutz abnimmt, gibt sich der moderne Mephistopheles zu erkennen: grüne Haare und ein zum Grinsen zerschnittenes Gesicht. Diesem Teufel hat man gleich das Spiel und den Witz in den Namen gelegt, als er 1940 in einem Comic erschaffen wurde: der Joker, Gegner des dunklen Helden Batman, benannt nach der Spielkarte, die für jede andere stehen kann, sich nicht festlegen lässt. Der Spaßmacher, der Hofnarr. Der Joker ist ein Massenmörder, der mit Gas tötet und seinen Opfern kein Lächeln, sondern ein grausames Grinsen ins Gesicht zwingt. Er ist Irrer, Psychopath, in der Adaption für Kinder auch nur ein schlichter, bunter Schrecken, dann wieder ein luzides Prinzip des Chaos, wie hier im Krankenzimmer, im zweiten Teil von Christopher Nolans Batman-Trilogie und in der Verkörperung von Heath Ledger. Die Augen grotesk ungeschickt überzeichnet, wie ein wütendes Kind es bei einer Faschingsparty zuwege brächte. Der Mund ist vom wild gekrakelten Lippenstift zu einem ständigen Lachen verzogen.

»You know? I just do things. The mob has plans. The cops have plans. Gordon's got plans.« So stellt sich der moderne Teufel als Negation unserer Sicherheiten vor, als jemand, der statt Vorhersehbarkeit Willkür herrschen lässt, unkalkulierbaren Terror, und damit eine Grundregel menschlichen Verhaltens unterwandert: Der Mensch ist das Tier, das Pläne schmiedet. Er ist das Wesen, das die Zukunft beherrschen will und dadurch auch sich selbst und dem beides doch nie ganz gelingt.

»You know what I noticed? Nobody panics when things go *according to plan*. Even if the plan is horrifying. If tomorrow I tell the press that, like, a gangbanger will get shot ... or a truckload of soldiers will be blown up ... nobody panics.«

Der Grund für den immer wieder unternommenen Versuch, das Böse zu erklären oder gar vorherzusagen, seine Ursachen offenzulegen, ihm überhaupt Ursachen zuzuschreiben, scheint mir der Wunsch zu sein, seiner habhaft zu werden, es zu kontrollieren und zumindest intellektuell zu unterwerfen. Die Ordnung, die damit eingezogen wird, soll stärker sein als das destruktive Moment. Die Orientierung, die uns Erklärungsmuster geben, soll unseren Verstand vor dem bewahren, womit uns das Böse konfrontiert, nämlich der Vernichtung, oder aber: seiner Verführungsmacht. Es ist zugleich der Versuch, seinen Ort genau zu lokalisieren, seine Zeit zu bestimmen. Dann und dann, unter diesen Voraussetzungen, *konnte* es, *kann* es also geschehen. Man baut dem Bösen ein Reservat in der Hoffnung, dass es sich an die von uns gesteckten Grenzen halten möge.

Doch dieser postmoderne Teufel hält sich an keine Grenzen. In der von Krankenhauschrom und dem Grinsen des Jokers dominierten Filmszene spielt er ein kleines Spiel, das Spiel mit der Münze: Kopf oder Zahl. »Introduce a little anarchy ...«, fordert der Joker. Der Einsatz: ein Revolverlauf an seiner Stirn, ein Schuss ins Hirn des Bösen. Der Gewinn: Nicht mehr die Freiheit ist es, mit der der Verführer lockt, sondern deren pervertierte oder aber ursprüngliche Form, das Chaos. »Upset the established order and everything becomes chaos. I am an agent of chaos.«

Der Joker weiß, dass er sein Leben aufs Spiel setzen kann, weil er nicht daran hängt und es gerade deshalb immer wieder gewinnt und unzählige andere Leben auslöscht. Weil er genau genommen an nichts hängt, an keinem Ziel und an keiner Welt, nur an dem Verbrennen von dem, was Sinn stiften kann. Gleich wird er das Krankenhaus in die Luft sprengen, beim Hinausgehen noch einmal kindlich verdutzt an seiner Fernbedienung ruckeln, mit der er die Explosionen steuert und in der etwas hakt. Anarchie der Technik. »Oh, and you know the thing about chaos? It's fair.«

Verglichen damit geht es bei Goethe geradezu grotesk harmonisch zu zwischen dem großen Verneiner Mephisto und dem Herrn im Himmel. Sie vereinbaren ein Spiel, höflich wie auf dem Golfplatz, vielleicht sogar eher einem Minigolfplatz: Galantes Schulterklopfen, Handschlag, top, die Wette gilt, und der Herr schickt noch fast eine Freundschaftserklärung hinterher: »Ich habe deinesgleichen nie gehasst.« Nicht nur grotesk, sondern lieblich harmonisch wird es, wenn der Herr noch hinzufügt: »Von allen Geistern die verneinen, / Ist mir der Schalk am wenigsten zur Last.«

Nun gut, ein allgütiger Gott mag das Hassen nicht beherrschen, aber der Teufel, der tut es bei Goethe auch nicht recht, er macht sich einen Spaß daraus, dieses Duell gegen den Himmelsherrscher zu gewinnen. Er ist klug, er ist hochmütig, er wäre, würden wir ihn heute beschreiben, ein Narzisst, aber einer, der nicht mehr fällt, weil er längst schon ein Gefallener ist; das gibt ihm umso mehr sicheren Spielraum. Sicheren Spielraum, den er zu einem sicheren Sieg nutzt. Und was ist das auch für ein schwacher, ja fast naiver Gegenpart, den Goethe ihm zugestanden hat. Allmächtig und allwissend kann doch gar nicht sein, möchte man meinen, wer sich auf solch eine Wette einlässt, dabei noch gutmütig feststellt: »Ein guter Mensch in seinem dunklen Drange / Ist sich des rechten Weges wohl bewusst«, und dann tritt Faust auf. Ausgerechnet Faust! Ein in der Midlife-Crisis befangener alleinstehender Akademiker, der geradewegs auf eine heftige Depression zusteuert, soll den Versuchungen des Teufels widerstehen? So eine Wette nennt man wohl Fait accompli.

Goethes Mephistopheles will ein Spiel, doch ist es kein Spiel der willkürlichen Zerstörung, keine totale Vernichtung, keine absolute Anarchie. Es ist das Kräftemessen zweier Prinzipien, eine Rangelei Mann gegen Mann, Teufel gegen Gott, ein Krieg aus einer Zeit, als die Bomben noch nicht vom Himmel fielen. Es ist mehr höfische Diplomatie als revolutionärer Umbruch, Brandschatzung oder Vernichtungskrieg. Es ist weder das Klappen der Guillotine zu hören noch das Flüstern des Terrors, und Robespierre ist 1775, im Jahr, als der *Urfaust* fertiggestellt wird, ein siebzehnjähriger Halbstarker, der weit weg in Frankreich ein Messbuch hält. Das Goethe'sche Böse ist Verführung und zynischer Witz, ist eine Wette auf die Freiheit, aber nicht auf das Chaos, und man spürt hinter allem noch die sichere Ordnung, als fände selbst die Walpurgisnacht im Lesesaal einer humanistischen Bibliothek statt.

Ich sehe noch einmal auf die Flamme, die vor Faust aus einem Buch in die Höhe züngelt, dann gehe ich ins Wohnzimmer und drehe die Boxen meiner Stereoanlage auf. »But what's puzzling you / Is the nature of my game«, singt Jagger.

II Du und ich. Über Variationen des Guten

Böse. Das Wort klingt weich, man könnte in seinem Klang ein Kleinkind in den Schlaf schaukeln. Wann habe ich dieses Wort zum ersten Mal gehört, wann hatte ich zum ersten Mal eine Idee davon, was es bedeuten könnte, mag diese erste Vorstellung auch diffus oder sogar falsch gewesen sein, sofern es eine falsche Idee vom Bösen geben kann? War es, als ich von meinen ersten Albträumen erzählte, oder gingen diesen Träumen bereits Erzählungen von Teufeln und bösen Hexen voraus? Und wann habe ich das Wort zum ersten Mal auf mich bezogen? War es, als ich mit erhobenem Zeigefinger ermahnt wurde, ich sei ein böses Mädchen, weil ich bei Klingelstreichen erwischt worden war? Meinen Eltern gehörte dieser Zeigefinger nicht, sie hätten das Wort *böse* in diesem Zusammenhang, der doch eigentlich *unartig* meinte, nicht verwendet. Es muss meine Großmutter gewesen sein, ja, jetzt habe ich sie deutlich vor Augen, wie sie, die mir gegenüber sonst stets mild und warm gewesen ist, mir erbost entgegenkam auf dem Bürgersteig, die Hand in einem weißen Lederhandschuh erhoben, auf den ich, vom Klingelstreich aufgewühlt und kichernd, geradewegs zurannte. Böses Mädchen, so etwas macht man nicht!

Im Englischen gibt es zwei geläufige Entsprechungen für das deutsche Wort böse: *bad* und *evil*, wobei *bad* etwas von mangelhafter Qualität oder Gesinnung meint, nicht dem Standard oder den Erwartungen entsprechend, während *evil* in den Kern des Unmoralischen und Bösartigen zielt. *I had been a bad girl*, ja, das vielleicht, je nachdem, welchem Erziehungskonzept und welchen Anstandsregeln man folgt, aber ein *evil girl* war ich ganz sicher nicht gewesen, jedenfalls nicht wegen der Klingelstreiche.

Natürlich, kaum jemand wird kindliche Streiche zu einem *act of evil* erklären wollen. Mir geht es um etwas Grundlegenderes: Den blinden Glauben, man selbst und alles, was man liebt, stehe immer auf der Seite des Guten, habe ich sicher schon als Kind verinnerlicht, wenn dafür überhaupt ein Verinnerlichen, ein Erlernen nötig ist und es nicht vielmehr ein natürlicher Impuls ist, durch den wir uns selbst schützen, legitimieren, ermächtigen. »Kaum ein Erpresser und Entführer, der sich nicht irgendwann einmal als Robin Hood ausgäbe«, stellt Jan Philipp Reemtsma in einer Rede über die *Gewalt als attraktive Lebensform betrachtet* fest. »Nun, wir wissen, daß starkes Legitimitätsempfinden nicht nur die Erregbarkeit steigert, sondern auch die Grausamkeit. Schwache Legitimitätsempfindungen sind demgegenüber eher handlungshemmend.«

Das Böse, das sind nicht nur, das *müssen* die Anderen sein: die bösen Stiefmütter, Feen, Hexen, die sich in erhitzten Schuhen zu Tode tanzen oder anderweitig vom Erzähler vernichtet werden. Wir sehen ihnen zu beim Tanzen, denn wir möchten wissen, wie das Böse aussieht. Den Glauben an Hexen und Teufel hat die moderne Gesellschaft zwar zurückgedrängt, auch wenn es vielerorts weit weniger aufgeklärt und säkularisiert zugeht, als ich das oft zu glauben versucht bin. Doch scheint mir vor allem, wenn ich an unsere Fähigkeit denke, zwischen Gut und Böse zu unterscheiden, als steckten wir auch heute noch in dem Moment kurz vor dem Spiegelstadium fest, kurz vor jener Phase, in der ein Kind zum ersten Mal sich selbst in einem Spiegel erkennt. Wir blicken auf das sich bewegende Bild, wir erkennen etwas scheinbar Lebendiges darin, doch erkennen wir nicht, dass es die Reflexion unserer eigenen Bewegungen ist.

»Wir wissen, dass in dieser Welt zu leben bedeutet, mit dem umzugehen, was Philosophen die Phänomenologie des Bösen nennen würden oder Theologen die Doktrin der Sünde«, erklärte Ronald Reagan in Florida vor der *National Association of Evangelicals* am 8. März 1983, ein

Jahr und zwei Monate nach meiner Geburt. In Deutschland ging man auf die Straße, um die Stationierung der Pershing-II-Raketen in Europa zu verhindern, Helmut Kohl hatte gerade die Bundestagswahl gewonnen, und an der Küchentür meiner Eltern prangte eine blau umrahmte Friedenstaube.

Reagans Rede wurde als die *Evil Empire Speech* berühmt, berühmt nicht nur, weil der Präsident sich gegen das »nuclear freeze« aussprach, sondern auch, weil er offensichtlich überzeugt war, dass dies eine Rhetorik erforderte und damit auch rechtfertigte, die sich auf die uralte manichäische Dichotomie von Gut und Böse stützte und auf eine Eindeutigkeit in der Zuschreibung, wer auf welche Seite gehört: die Sowjetunion als das böse Reich, dessen aggressive Impulse man nicht gleichsetzen dürfe mit denen der anderen Seite. »Ich bitte Sie inständig, den Versuchungen des Hochmuts zu widerstehen«, fordert Reagan seine Zuhörer auf, »der Versuchung, sich selbst unbekümmert über allem zu glauben und beide Seiten mit derselben Schuld zu etikettieren, die Fakten der Geschichte und die aggressiven Impulse eines bösen Reichs zu ignorieren und das Wettrüsten einfach ein riesiges Missverständnis zu nennen und sich dadurch herauszuziehen aus dem Kampf zwischen Richtig und Falsch, Gut und Böse.«

Ich hörte von dieser Rede erst, als die Sowjetunion bereits Geschichte war und der Kalte Krieg nur noch wie der Plot eines *James Bond*-Films erschien. Neunzehn Jahre und drei Präsidentschaften später war es, als ich darauf stieß, denn plötzlich war die Rede vom Bösen wieder in der Welt, in den Nachrichten, in der Zeitung: Die USA waren durch den Terrorangriff auf das World Trade Center im Innersten getroffen worden, und der Gegner konnte niemand Geringeres sein als das Böse selbst. Der *War on Evil* wurde ausgerufen. Das Böse war zurück in der politischen Rhetorik. Jetzt ging es nicht mehr darum, einige evangelikale Senatoren vom nuklearen Wettrüsten zu überzeugen, sondern der Nation und der Welt zu beweisen, dass, auch wenn man nicht mehr unverwundbar war, man noch immer die moralische Deutungshoheit besaß, über die Gewalt verfügte, zwischen Gut und Böse zu unterscheiden.

Denn die USA waren mit zwei Problemen konfrontiert, die sowohl ihr Selbstbild als auch ihre Legitimität als Weltenlenker wenn nicht in Frage stellten, dann doch zumindest ankratzten: Die Partie genannt Kalter Krieg hatten sie zwar gewonnen, aber plötzlich mussten sie erkennen, dass auf einem ganz anderen Spielfeld eine Partie im Gang war, deren Regeln sie weder diktieren konnten noch auch nur ausreichend durchschauten. Mit dem Zusammenbruch der UdSSR war das Gegeneinander zweier Weltmächte beendet, das ganz sicher kein Goethe'sches Vorspiel im Himmel gewesen ist, aber doch noch die Klarheit jenes Ringens Staat gegen Staat zeigte, selbsternannter Herr gegen den ausgemachten Teufel und umgekehrt. Was aber ist der Herr, wenn er keinen eindeutigen Gegner mehr hat, wenn nur noch eine diffuse Bedrohung geblieben ist ohne Sitz im Weltsicherheitsrat, Angriffe von einer ganz anderen Weltkarte aus?

Bush oder vielmehr sein Redenschreiber David Frum

konstruierten einfach eine Welt, in der alles so war wie gehabt, in der noch immer auf dem altbekannten Spielbrett gespielt wurde, eine Welt, in der der Teufel eine Postanschrift hat. »Staaten wie diese [Nordkorea, Iran, Irak] und die mit ihnen verbündeten Terroristen bilden eine Achse des Bösen, die aufrüstet, um den Frieden der Welt zu bedrohen«, erklärte der Präsident im Januar 2002 in seiner Rede zur Lage der Nation.

Die *Achse des Bösen* klingt wie die Quintessenz, wie eine Zusammenfassung der Gegner des zwanzigsten, des amerikanischen Jahrhunderts. Solch rhetorisches Geschütz hätte doch alle auf ihre Plätze zurückpfeifen und eine neue Runde nach den alten Regeln einleiten müssen. Das Problem war nur: Der Rest der Welt spielte möglicherweise längst ein anderes Spiel als die Bush-Administration. Diese »müsse aufhören, Solitär zu spielen, während die Machthaber im Mittleren Osten und am Persischen Golf pokern«, warnte Madeleine Albright 2006 in einem Artikel in der *Financial Times*, in dem sie die Nah- und Mittelost-Politik der US-Regierung als unterkomplex kritisierte. Der Titel ihres Angriffs sagte alles: *... Gut gegen Böse ist keine Strategie.*

Wer Weltpolitik auf mythische Dichotomien reduziert, unterschlägt nicht nur Komplexität, Ambivalenz und Widersprüchlichkeit und baut verquere oder schlichtweg falsche Kausalitäten. Er läuft zudem Gefahr, einer Versuchung zu erliegen, nämlich jener, die Gewalt darüber, zwischen Gut und Böse zu unterscheiden, ebenso zu behandeln wie militärische Gewalt und sich als Staat ein Monopol darüber zuzusprechen. Was richtig und was falsch ist, oder sagen wir besser, was rechtmäßig ist und was nicht, das können Gesetze und Gerichte festlegen, die definitive Unterscheidung zwischen Gut und Böse zu treffen aber kann kein Staat und kein Regierungschef für sich beanspruchen. So oder so ist diese Unterscheidung eine anmaßende und hochmütige, die uns bekanntermaßen schon einmal das Paradies gekostet hat. Wer diese Gewalt in seiner Hand glaubt oder zumindest behauptet, setzt sich über vieles hinweg. So etwa, als die USA 2003 ohne UN-Mandat den Irak angriffen, was natürlich nicht dazu führte, dass sich Gut und Böse klarer voneinander schieden. Vielmehr zeigte gerade der völkerrechtswidrige Angriff auf den Irak, wie sich die beiden Prinzipien vermischten und im Namen des Guten Verbrechen begangen wurden.

Der Versuch, noch einmal zurückzukehren zur alten manichäischen Weltsicht, kann aus mindestens zwei Gründen gar nicht gelingen: zum einen, weil die Zeit Haken schlägt, wenn man versucht, sie zu fangen. Zum anderen, weil es dieses Früher nie gegeben hat, nie eine saubere Trennung zwischen den beiden Prinzipien. Auch das vermeintlich Gute hat eine Begabung zum Bösen. Und mitunter gibt es ihm Rückendeckung.

Das amerikanische Jahrhundert, das mit dem Eintritt der USA in den Ersten Weltkrieg 1917 begann und das derzeit recht punktgenau zu seinem Ende zu kommen scheint, war ein Jahrhundert, in dem die militärische und moralische Überlegenheit der USA ein Garant zu sein schien, diese unsere Welt zu ordnen und uns zu erklären, wer auf welcher Seite steht – mit ihrer weltpolizeilichen Entschiedenheit, mit der sie Diktatoren stürzte wie ihre Superhelden die Comicschurken. Aber es hat uns zugleich das vom US-amerikanischen Militär verübte Massaker von Mỹ Lai gezeigt, die Erniedrigungen aus Guantanamo und die Folterszenen im Gefängnis von Abu-Ghuraib als menschenverachtende Etappe im Kampf gegen das sogenannte Böse.

Wer sich auf der Seite des Guten glaubt, fühlt sich in seinen Handlungen legitimiert. Vielleicht ist es gerade das, was diese Grausamkeit so sehr gesteigert hat, jene sadistischen Bestrafungen, die die Soldaten ihren Gefangenen antaten. Wenn Menschen meinen, das Gute dürfe über das Böse richten, und zwar total, nicht im Prozess, sondern als Vernichtung, wenn sie meinen zu wissen, dass sie das Gute sind, und glauben, ihre Gegner seien keine Menschen, sondern das Böse, dann zeigt sich das destruktive Moment nicht etwa des Bösen, sondern der Unterscheidung von Gut und Böse selbst.

Hätte der Mensch sich also doch besser nicht anmaßen sollen zu meinen, er könne dieser Unterscheidung gewachsen sein? »Eritis sicut Deus, scientes bonum et malum«, schreibt Mephisto einem Schüler von Faust in sein Stammbuch und fügt zynisch hinzu: »Dir wird gewiß einmal bei deiner Gottähnlichkeit bange!« Zerrissen zwischen hochmütiger Selbstermächtigung und selbstverschuldeter Unmündigkeit, da der Baum, dort die Schlange, hier das Paradies, drüben die Erkenntnis, wissen wir wohl bis heute nicht, ob der Preis zu hoch war. Und hat tatsächlich die Schlange Eva ins Ohr geflüstert oder war es womöglich Eva, die nach der Schlange rief? War es

Adam, der die Schlange aus dem Garten herauslockte und neben die schlafende Eva legte, weil er selbst es nicht sein wollte, der nach dem Apfel greift? Nimm ihn schon! Ich will wissen, wo das Gute liegt und wo das Böse, aber meine Hände sollen nicht blutig werden wie die deinen.

»I shouted out: Who killed the Kennedys? / When after all, it was you and me«, singt Mick Jagger.

III Hinter dem Spion. Über Variationen der Distanz

Es war ein kleiner Zettel, nicht größer als ein Post-it, der mir auffiel, zunächst nur wegen des Formats, das nicht zu den anderen Papieren in dem Aktenstapel zu passen schien, den ich in einem Archiv des Auswärtigen Amts einsah. Der Zettel stammte aus den vierziger Jahren, genauer gesagt aus der Akte eines deutschen Diplomaten, der in Norditalien tätig war für das Deutsche Reich. Die Notiz darauf, die eine Verabredung festhielt, die Verabredung zu einem späten Frühstück, war so lapidar und informell, dass ich stutzte, nicht weiterblättern konnte oder auch nicht wollte – vielleicht weil sie mir in ihrer Unscheinbarkeit eine kurze Atempause bot bei der Durchsicht dieser Unterlagen, die, so viel sie auch vertuschten, von Blatt zu Blatt düsterer wurden, vielleicht aber auch, weil sie mir vor Augen führte, dass Normalität nichts ist, was in jener Zeit fehlte, dass Normalität und Grauen nicht zwingend voneinander getrennt gedacht werden müssen. Weil die Akte über diese Normalität plötzlich mit meinem eigenen Leben zu korrespondieren begann, mir zu bedeuten schien: Fühl dich nicht zu sicher, dass du erhaben bist über all das.

Wäre es nur diese Vorderseite gewesen, ich hätte den Zettel vermutlich dennoch vergessen, ihn in meiner Erinnerung zwischen den übrigen Unterlagen verloren. Dass ich mich zehn Jahre später noch daran erinnere, hat nicht mit dem verzeichneten Frühstück zu tun, nicht mit den in blauer Tinte gekrakelten Worten, bei denen ich nicht sagen kann, ob es eine männliche oder eine weibliche Handschrift war, ob es also die Sekretärin festgehalten hat oder der Beamte selbst, dem das Frühstück galt. Und doch, auch mit dem Frühstück hat es zu tun.

Immer wieder ist gefragt worden, ob man das Schreckliche des nationalsozialistischen Verbrechens, des fabrikmäßigen Genozids beschreiben kann, ob man dieses Böse beschreiben kann. Oder muss es eine Benennung bleiben? Eine Einordnung, ein Etikett, mit dem wir Menschen wie Adolf Hitler oder Adolf Eichmann aus unserer eigenen Sphäre relegieren, nicht zuletzt auch deshalb, um ebendiese unsere Sphäre davor in Schutz zu nehmen, anfällig dafür zu sein, auch wenn Hannah Arendt in ihrem berühmten Diktum von der »Banalität des Bösen« darauf hingewiesen hat, wie allgemein und verbreitet die Voraussetzungen ebendieses Bösen waren (und vermutlich sind).

Die Annahme des »Unaussprechlichen« und »Unbeschreiblichen« jedenfalls kann man schon deshalb in Frage stellen, weil dadurch, wie Carolin Emcke schreibt, »Unrecht und Gewalt unfreiwillig sakralisiert werden«. Es ist aber zudem ohnehin beschrieben worden, ganz wortwörtlich, auf der Rückseite, nicht mit Erklärungen,

Entschuldigungen oder Verurteilungen, sondern mit einer Trivialität. Denn als ich schließlich weiterblätterte, sah ich, dass auf der Rückseite der Frühstücksnotiz getippte Worte standen, nichts Vollständiges war mehr zu lesen, dieser kleine Zettel war zurechtgeschnitten aus einem offensichtlich nicht mehr für wichtig befundenen Brief oder Formular, Schmierpapier eben, wie ich es auch neben meinem Schreibtisch sammele für Notizen. Ich kann die einzelnen Worte auf der Rückseite nicht mehr nennen, habe sie mir weder notiert noch abfotografiert, ich kann nur beschreiben, wie ich mich daran erinnere: als etwas, das mir die Beiläufigkeit des, wie soll ich es nennen?, des Verbrechens?, der Vernichtung?, des Bösen? abrupt bewusstmachte. Ein Verwaltungsvorgang, so wenig außergewöhnlich, so banal, dass man seine Verschriftlichung weder aufhob noch verschwinden ließ, sondern das Blatt als Schmierzettel wiederverwendete. Er wurde überschrieben von einem Frühstück um 11 Uhr.

Auf der Rückseite dieser Notiz stand das Eigentliche – geht man davon aus, dass das Eigentliche das Verbrechen und nicht die Gleichgültigkeit ist, mit der ebendieses normalisiert und vergessen oder verdrängt wird. Auf der Rückseite des Blattes eine Spur, die auf den Schrecken dieser deutschen Behörde verwies, in der es zerschnitten worden war. Informationen über einen Zugtransit, ob zur Zustimmung oder lediglich zur Kenntnisnahme übersandt, standen nur noch als Satzfetzen, Leerstellen da, ein Stottern aus dem Winter 43, als die Deutschen Italien besetzt und mit der Deportation der Juden begonnen hatten. Der Schnitt mitten durch ein Wort hindurch machte mir damals etwas haptisch greifbar: wie banal, wie nebensächlich, wie selbstverständlich etwas empfunden worden sein muss, was wir heute als Inbegriff des Bösen bezeichnen und dadurch hilflos auf Distanz zu bringen versuchen. Als wollten wir hinterhersetzen: Das Böse kann uns nicht passieren! Wir haben es ja erkannt.

Es ist vermutlich eine zutiefst menschliche Neigung, das Böse, das uns betrifft, auf die Rückseite der eigenen Wahrnehmung zu schieben, es so weit zu bagatellisieren, fragmentarisieren oder auch historisieren, bis es uns gelingt, seine Gegenwärtigkeit zu übersehen: Es mag da sein, von uns aber ist es durch Zeit, Ort, Zuständigkeit getrennt. Der Teufel spielt sein Spiel, wir aber ziehen keine der Figuren: Distanz als Unschuldsvermutung. Auch das Archiv ist so gesehen ein sicheres Terrain, ein Distanzversprechen, da es, wie das Museum, eine Zeit konserviert, der wir selbst nicht als Handelnde angehören, in der wir uns nichts zuschulden kommen ließen, eine Zeit, die mitunter bereits ausgedeutet ist wie eine Schachpartie bei einer Weltmeisterschaft vor Jahrzehnten, wirklich ist nur noch das Protokoll der gespielten Züge: 46. Sd6 Txe7 47. Se4+. Was ich im Archiv finde, kann ich bewerten oder bewerten lassen, ohne Angst haben zu müssen, dass es mich ebenso bewerten wird. Das Archiv ist ein Spion, durch den ich einen anderen sehe, viele andere, eine ganze Epoche, ich aber bleibe für jene, die vor der Tür stehen, unerkannt. Was aber, wenn sich die Tür öffnet?

Mehr ein Singsang war es als eine Aussage: »Ich konnte nicht anders, ich musste so handeln.« Jedes Mal, wenn meine Großeltern früher zu Besuch kamen, spielten wir ein Brettspiel. Auf *Mensch ärgere Dich nicht* konnten wir uns einigen, es war simpel genug, um es mit einem Kind wie mir zu spielen, und es hatte sogar einen erzieherischen Anspruch, nämlich das Ideal der Gelassenheit einzuüben, auch wenn das bei mir nicht sonderlich gut verfing.

»Ich konnte nicht anders, ich musste so handeln.« Wie meine Großmutter es immer wieder in singendem Tonfall wiederholte, wenn sie mit einem ihrer Steine einen anderen Stein vom Feld warf: ein Singsang, der vielleicht eine kindliche Unschuld vorspielte, jedenfalls, wenn nicht jegliche Verantwortung von sich wies, so doch das Geschehene ins Trällern überführte. Dabei war es offensichtlich gelogen, sie konnte sehr wohl anders, konnte diesen Stein ziehen oder jenen, sie *wollte* nicht.

Fiel je ein Wort darüber, worum es tatsächlich ging, wovon sie in Wahrheit sprach, was auf der Rückseite dieses Satzes stand, über ihre Kindheit und Jugend, über den wenn nicht hingebungsvollen, dann doch immerhin zufriedenen Glauben an die Ideale der Nationalsozialisten, an die Ordnung der BDM-Abende und an das Leben auf der Seite des angeblich Guten, Richtigen, Überlegenen? Ich denke nicht. Die Erwachsenen hielten sich an die Regeln des Gesellschaftsspiels und schwiegen.

Es war nicht das vorgeblich gedankenlose Schweigen, das jemand mit einer Schere in ein Dokument hineinbringt, das zum Schmierpapier degradiert worden ist. Das hier war kein Archiv, es gab nicht das dicke doppelte Glas des Spions, durch das ich verzerrt fremde Menschen vor meiner Tür beobachten konnte wie ein Mediziner Bakterien unter einem Mikroskop. Es war ein Zimmer, mein Kinderzimmer, Bett, Schreibtisch, ein paar Stofftiere, meine intimen Begleiter. Es war räumlich gesehen mein Innerstes, meine Intimsphäre, in der es sich zutrug, und zudem war es das nicht nur räumlich: Sosehr ich meine Großmutter damals zum Teufel wünschte, weil ich wegen ihr das Spiel nicht gewann (der pädagogische Gedanke mit der Gelassenheit, nun ja …), so wenig sah ich in ihr einen Teufel. Sie war meine Großmutter, ich malte ihr Bilder, ich bastelte ihr wackelige Figuren aus Kastanien, ich freute mich auf ihren Geburtstag fast mehr als auf meinen eigenen, weil ich ihr dann all das schenken konnte, ich wollte von ihr in den Arm genommen werden.

»Ich konnte nicht anders, ich musste so handeln« – damals machte es mich wütend, später machte es mir Angst: Es war die Angst, das Böse zu lieben, ohne es zu merken. Und es noch immer zu lieben, obwohl ich es bemerkt hatte. Selbst wenn es nur die Verabredung zum Frühstück gewesen sein mag, nicht die Nachricht, die auf der Rückseite stand.

Als meine Großmutter im Frühjahr 2015 starb, saß ich im Festsaal der Lüneburger Ritterakademie, der eher an eine Turnhalle erinnerte als an ein Tribunal, und verfolgte den Prozess gegen Oskar Gröning, der in Auschwitz die Effektenkammer verwaltet hatte und wegen Beihilfe zum Mord in 300000 Fällen angeklagt war. In den Zeitungen hatte ich über den Angeklagten gelesen, sein Blick sei eisig, kalt und unbeteiligt. Ich selbst sah dort vorne auf der Anklagebank nur einen Greis mit Goldrandbrille. Das Alter macht das menschliche Gesicht oft wieder dem eines Kindes ähnlich, hilflos die Bewegungen dazu, und Oskar Gröning war so alt, gebrechlich und ja, auch kindlich wie zuletzt meine Großmutter, die das Wort *böse* zum ersten Mal auf mich verwandt hatte, jene Frau, die, als sie noch dachte, ich wäre zu klein, um die Zusammenhänge zu verstehen, schwärmerisch von den BDM-Abenden ihrer Jugend sprach und verstummte, als ich zum ersten Mal eine Nachfrage stellte.

»Während die Zeugen sprechen, wandert Grönings Blick zur Decke«, notierte ich damals: »Vielleicht ist das Kälte, vielleicht war es auch sein Versuch, Fassung zu wahren. Gröning lässt sich schwer lesen. *Gröning zeigte keine Regung*, titelt die *Frankfurter Rundschau*. Wer möchte nicht gerne ein bisschen Adolf Eichmann in diesem Durchschnittsrentner sehen, an dem alles Mittelmaß ist, sogar, wenn wir ehrlich wären, die Banalität? Gröning ist ein Mann, der uns nicht zu ähnlich werden darf, gerade weil er uns so ähnlich ist. Eichmann hat während der Verhandlung in Jerusalem diabolisch mit dem Mund gezuckt. Gröning trinkt Mineralwasser aus einer Plastikflasche der Edeka-Hausmarke *gut und günstig*. Das ist so normal wie die Sparkassenlehre, die er als Jugendlicher absolvierte, so normal wie dieser Festsaal einer Provinzstadt, es ist so normal, wie die meisten von uns es sind. Mit dem Unterschied, dass die meisten von uns nicht gehört haben, wie Menschen an Zyklon B erstickten.«

Was er gefühlt habe, als die Juden in die Gaskammern geführt wurden, war Gröning zehn Jahre zuvor von einem Journalisten gefragt worden. »Nichts, muss ich sagen«, hatte Gröning geantwortet. »Weil das Schreckliche nicht deutlich geworden ist. Wenn man weiß, dass getötet wird, weiß man auch, dass gestorben wird.«

»You know what I noticed? Nobody panics when things go *according to plan*. Even if the plan is horrifying.« Schockierend an dem Monolog des Jokers ist nicht in erster Linie sein Wahnsinn, sein freier Fall ins Chaos. Dass ein Teufel mit dem Feuer spielt, liegt nun mal in seinem Element. Es ist vielmehr die hemmungslose Klarheit, mit der er die menschliche Immunität gegen das von ihnen selbst verursachte Böse herausstellt, unser Einverständnis auch noch ins Entsetzliche, wenn es nur unsere eigene Ordnung nicht zerstört. »Das Schreckliche«, hatte Gröning hinzugefügt, »kam erst mit den Schreien.«

Ich stehe wieder vor dem Bild in meinem Flur, betrachte die Flamme, das Gesicht Fausts so erschrocken, als wäre nicht er es gewesen, der den Geist rief, und ich frage mich, ob heute noch so über den Teufel geschrieben werden könnte, wie es Goethe tat, auf Deutsch zumal, in derselben Sprache, in der die SS-Männer ihre Befehle riefen. Und können wir uns Goethes Mephisto noch ohne das von der Theaterschminke geweißte Grinsen Gründgens' vorstellen oder sind die beiden miteinander verschmolzen, das idealistische Böse der Goethezeit und der gewöhnliche Mitläufer des Dritten Reichs, im teuflischen Pakt nicht mit einem fiktiven Faust, sondern mit einem geschichtlichen Teufelsregime höchstselbst? Denken wir an den deutschen Teufel noch als gewitzten Charmeur oder sehen wir ihn als blassen Bürokraten in Anzug und Krawatte vor uns, dem das Böse keine Wette und kein Spiel ist, sondern eine Routinehandlung?

Boshaftigkeit, hat einmal ein Freund zu mir gesagt, sei ja meist nur Unfähigkeit und Überforderung, die meisten Menschen wären zum tatsächlich Bösen gar nicht klug genug. Das ist eine hohe Vorstellung vom Bösen, eine, die ihm keine Banalität oder Dummheit zutraut, sondern eine seltene Begabung annimmt, nicht etwa, wie Kant meinte, die allgemeine menschliche Begabung, unseren *Hang* zum Bösen, der jedem Menschen innewohnt und im menschlichen Freiheitsvermögen wurzelt. Nein, der Freund setzte anderes voraus: Intelligenz, Überlegenheit, auch eine übermäßige Fähigkeit zur Kontrolle. Als könne das Böse uns Gewöhnlichen nicht unterlaufen, als müssten wir uns nur klein und unscheinbar machen, um uns unter dem Bösen wegducken zu können, um nicht seine Ursache oder Agenten zu sein. Aber vielleicht stehen wir auf seiner Rückseite, scheinbar harmlos, nur eine Verabredung zu einem Frühstück, vormittags um 11 Uhr.

IV Wohin geht das Böse? Über Variationen des Pakts

»Sehr geehrte Damen und Herren,
ich hoffe es geht Ihnen gut. Ich freue mich sehr, Ihnen heute folgendes mitzuteilen. Am 08.09.2017, Freitag nächste Woche, feiern wir den 69. Gründungstag der DVR Korea und zu diesem Anlaß gibt es ein Empfang bei

uns in der Botschaft. Wir würden uns freuen, wenn Sie sich Zeit nehmen und dabei sein können.

Mit freundlichen Grüßen verbleibe ich
Ihr ...«

Ein Bekannter hatte mir die Einladung weitergeleitet mit der Frage, ob ich ihn nicht begleiten wolle. Ich aber musste an jenem Freitag, an dem die Volksrepublik ihren 69. Jahrestag feiern würde, in Duisburg lesen, dabei, wer wusste das in diesen Wochen schon, hätte es die letzte Gelegenheit für einen solchen Empfang sein können. In der Nacht vom 2. auf den 3. September hatte Nordkorea einen angeblich erfolgreichen Atomtest durchgeführt. Ich hatte im Radio davon gehört, vor der Nachricht, dass in Frankfurt eine Fliegerbombe aus dem Zweiten Weltkrieg entschärft wurde, man erwartete Stau bis 18 Uhr.

Unde malum? Woher kommt das Böse? Das ist seit Augustinus, jenem von den Manichäern so stark beeinflussten Kirchenlehrer des späten vierten, frühen fünften Jahrhunderts, immer wieder gefragt worden. Wir haben mittlerweile gelernt, Menschen so schnell zu durchleuchten, dass es am Flughafen nur noch das Schwingen eines Balkens in einem runden Glaskasten erfordert. Wissenschaftler haben die Paradoxie der Quantenteilchen erforscht und im CERN in Genf nach dem Gottesteilchen gesucht. Aber eine Landkarte, die uns den Eingang zur Hölle aufzeigen könnte, haben wir bis heute nicht gefunden, auch wenn uns die Suche immerhin einen Spaziergang mit Dante und einiges mehr an größter Dichtung gebracht hat. Aber wenn es nun einmal hergekommen sein soll, das Böse, wohin hat es denn überhaupt vor, von hier aus zu gehen? Und mit wem?

Vermutlich ist es nicht gekommen, um zu bleiben, sondern war schon immer da, ist Teil des menschlichen Mit- und Gegeneinanders. Nachdem eine Zeitlang seine Ränder relativistisch durchlässiger gedacht oder gleich ganz aufgelöst worden sind, tritt das Böse heute wieder deutlicher in Erscheinung, wird mit neuer Vehemenz und scheinbarer Eindeutigkeit hervorgezogen. Es lebt in den Reden, Sätzen und Tweets, es ist für den, der davon spricht und sprechend mit dem Finger darauf zeigt, wie ein Bollwerk gegen die eigene Unsicherheit, Vagheit, Angreifbarkeit, es ist Schutzbehauptung oder Zauberspruch gegen den *eigenen* Hang zum Bösen. Dass es nicht nur in der politischen Rhetorik als aggressive Drohgebärde fungiert, sondern sich auch die Zivilgesellschaft seiner mit neuem Besitzanspruch bemächtigt hat, scheint mir ein beklemmendes Vorzeichen zu sein für einen neuen Wunsch nach totalitärer Sicherheit.

Faust, glaubt der Herr im Himmel, sei »sich des rechten Weges wohl bewusst«, doch wer sich des rechten Weges zu bewusst ist, wer glaubt, gegen den Teufel gänzlich immun zu sein, läuft Gefahr, sich über andere zu erheben, seine eigene Position absolut zu setzen. So werden die Gräben tiefer, die Aggressionen stärker, verliert sich die Fähigkeit des Diskurses und mit ihr das Glück liberaler Gesellschaften, unterschiedliche Positionen zu integrieren oder doch zumindest auszuhalten.

So zeigt sich in den immer heftiger werdenden zivilgesellschaftlichen Grabenkämpfen der USA vielleicht nur etwas deutlicher, was sich auch in Europa abzeichnet. Was als fundamental wichtiger Kampf für Minderheitenrechte begann, ist mittlerweile in den radikalsten Ausprägungen von einer Diversitätspolitik in eine mitunter identitäre Semantik umgeschlagen und hat sich auf diese Weise von einem Instrument der Selbstermächtigung zu einem neuen Instrument der Ab-, damit aber eben auch Ausgrenzung gewandelt. Von rechter und rechtsradikaler Seite wird die Identitätspolitik auf immer aggressivere und bedrohlichere Weise betrieben: als Beharren auf weiße Suprematie mit neu entbrannter Gewaltbereitschaft. Die Ausschreitungen von Charlottesville sind eines der traurigsten und beunruhigendsten Beispiele dafür.

Die Verführungskraft klarer Dualismen ist groß, und in unserer Gegenwart, die so oft als überkomplex beschrien worden ist, als wäre jede andere Gegenwart für ihre Zeitgenossen jemals leicht zu fassen gewesen, in dieser Gegenwart täuscht uns das Böse genauso wie das Gute eine vermeintliche und eben auch gefährliche Sicherheit darüber vor, wie sich unsere Wirklichkeit zweiteilt. Es kann als Warnung und Appell genutzt, aber ebenso als moralische Waffe missbraucht werden, der Übergang ist fließend. Mal liegt es in Pjöngjang, mal in Washington, mal trägt es die schwarze Flagge des IS, mal ist es die wertevergessene westliche Welt, mal ist es das Chaos, mal die Kontrolle. Das Böse markiert die Grenze der von uns, von der Gesellschaft, an der wir teilhaben, akzeptierten Ordnung. Wie aber können wir sicher davon ausgehen, dass der Ordnung, an die wir glauben, nicht selbst Böses innewohnt?

Blicken wir uns in der Welt um, zeigt sich Nordkorea heute als eines der, wenn nicht als das gefährlichste und brutalste Regime, das seine eigenen Bürger in Konzentrationslager bringt und die restliche Welt mit nuklearen Drohungen in Geiselhaft nimmt, als sei es eine Antwort darauf, was passiert wäre, wenn die Ingenieure in Peenemünde ein wenig schneller gewesen wären. Doch wird auch Nordkorea mit einer Beschwörung des Bösen nicht beizukommen sein. Dadurch verlagerte sich bloß in den Himmel oder in die Hölle, was ein weltlicher Konflikt ist. Von der Sternwarte aus können wir es noch beobachten, sehen aber nicht all die kleinen Verzahnungen, die überhaupt möglich machten und machen, dass es so weit kam, dass es über Jahre so blieb: die Akzeptanz, mindestens Ignoranz vieler, auch europäischer Staaten, nordkoreanische Zwangsarbeiter auf ihren Baustellen schinden zu lassen, wodurch die Regierung ausländische Devisen ins Land holte; die schützende Hand der Volksrepublik China, die nicht nur China vorzuwerfen ist, sondern auch all jenen, die keinen stärkeren Druck auf die asiatische Großmacht ausübten, weil andere Interessen überwogen.

Und was überhaupt sollte es sein, *das* Böse? Diese Substantivierung scheint mir der Sündenfall der Grammatik zu sein, die Suggestion, *das* Böse habe eine klare Gestalt, es sei eine Wesenheit, die auf uns zukommen und sich wieder von uns entfernen kann, etwas, das wir vertreiben können und seit jeher zu vertreiben versuchen: »Sondern erlöse uns von dem Bösen.« Als könnte nur ein Gott uns ganz davon befreien, dabei ist das Drama des Menschen so übersinnlich nicht, im Gegenteil, es ist ganz schlicht: Der Pakt mit dem Teufel war immer ein Pakt mit uns.

»Pleased to meet you / hope you guessed my name. / But what's confusing you / is just the nature of my game.«

Jugend, ewige

I

Es war schon tief im Herbst, als ich die dunkle Bahnhofsstraße hinunterging, die in dieser mitteldeutschen Kleinstadt, Großraum Hannover, noch immer Hindenburgstraße heißt, als wolle man sich nicht ganz von der alten Zeit lossagen. Weiter nördlich schlängelt sich ein kleines, nach Agnes Miegel benanntes Sträßchen, ihren Führerhymnen zum Trotz hat es seinen Namen bis heute behalten. Das Kriegsgefallenendenkmal hatte ich hinter mir gelassen, aber die Blätter unter meinen Füßen raschelten so tot und blass, als scheuchte ich die ortlos Verstorbenen vor mir her. In der Kneipe saß ein einzelner Besucher und rauchte in das trübe, nikotinerstarrte Ensemble aus Tresen, Flaschen, Stühlen, im Hintergrund ein Fernseher.

Nach vorne gucken, raunzte mich ein Passant an. Ich wollte etwas erwidern, blickte dann aber nur stumm auf die erleuchtete Fensterreihe, die das einsame Barbild ein paar Meter weiter ersetzte. Meine Schritte verlangsamten sich, passten sich an die Geschwindigkeit hinter den Fensterscheiben an. Kleine, gebückte, gebrochene, schlurfende, in violette und pinke Pullover gekleidete Gestalten zogen durch den Raum voller abgerundeter Ecken, holzmöbliert, Eiche rustikal, die pinken Pulloverfarben dazu in schmerzhaftem Kontrast. Natürlich, nur Modefarben oder vielmehr das, was jenseits modischer Eleganz produziert wird für Menschen, die diese Farben irgendwann einmal »fesch« oder »frech« genannt haben mögen. Aber war es nicht seltsam, dachte ich, dass diese industriell hergestellten Pullis so sehr jenen kleiner Kinder ähnelten? Als sollten die Menschen dort drinnen, die am Ende ihres Lebens standen, sich wieder bis zur Unkenntlichkeit an den Anfang annähern, so wie sich auch ihre Hilflosigkeit, ihr erstaunter Blick, mitunter die Unfähigkeit zu laufen, zu sprechen wiederholten und das Leben in einem absoluten Hier und Jetzt aufging, weil Erinnerung noch nicht oder nicht mehr existierte, nur das Heute, nicht das Gestern, und was soll das sein, das Morgen?

Aber vielleicht dachte ich das auch nur zur Ablenkung.

Es war kein schlechtes Gewissen, das wäre zu einfach gesagt, eher eine Scham, nicht der Gesellschaft und den anderen gegenüber, sondern der anderen, jener einen, für die ich verantwortlich gewesen wäre hinter so einem Fenster. Scham ist ein Gefühl wie eine Ohrfeige, es kann einen würgen, erwischt sie einen. Sie traf mich, während ich in die erleuchteten Räume des Seniorenheims in der Bahnhofstraße hineinsah und mich fragte, warum meine Großmutter nicht hier, in der Stadt, in der sie Jahrzehnte gelebt hatte, in ein Altenheim gekommen war. Warum hatte ich mich herausgehalten bei dieser Frage, als sie noch relevant gewesen war und meine Mutter allein entschied, was mit ihrer Mutter geschehen sollte, zu der sie nie ein gutes Verhältnis gehabt hatte. Das hieß für meine Großmutter: noch einmal und für immer aus ihrem Umfeld herausgerissen zu werden, noch einmal etwas Neues, und ich sagte damals nichts. Ich schob all das weit von mir, besuchte sie so gut wie nie, wollte den Verfall nicht sehen (ihrer Zähne, ihrer Sätze). Ich wollte mich nicht daran gewöhnen, in einer fremden Umgebung einer fremden Frau gegenüberzusitzen, in der meine Großmutter auf dingliche Weise eingeschlossen war. Ständig hatte ich sehr wichtige Dinge zu tun, um ihr nicht beim Sterben zusehen zu müssen.

Ohne mich entschuldigen zu wollen, mein feiges Verhalten kleinreden, scheint mir, dass ich in ebendiesem Ausblenden durchaus keine Einzelgängerin war. Das Altern, sobald es gebrechlich, hässlich oder gar unappetitlich wird, geschieht heute oft an Ausschlussorten mit minzgrünen Fluren, Spezialstationen mit niemals zu Ende gezählten Plastikgriffen und Einrichtungen, in denen man Pillen ausgibt gegen das Hinübersterben ins Jenseits und gegen das Auffallen im Hierseits. Gäbe es Pillen, die ihre Patienten unsichtbar machten, würde man sie mit großer Erleichterung verteilen. Es wären die Pillen unserer Zeit, und man gäbe sie vielleicht schon früher aus, an jeden, der die Dreistigkeit besitzt, nicht mehr jugendlich aufzublühen. Das Alter selbst aber bleibt nach wie vor unheilbar, und die Gier läuft ins Leere, alles unter die menschlich-vernünftige Kontrolle zu bringen, auszusondern oder zu zähmen, was nicht gefällt: die Krankheit, das Dunkel, die Naturgewalten, und jetzt auch noch, ja was? Die Zeit? Die Vergänglichkeit? Den Tod?

So sehr wird das Altern aus unserer Gesellschaft verdrängt, dass es sich ein Papst wenn nicht zur Lebens-, so doch zur Sterbensaufgabe setzte, die eigene Zerbrechlichkeit und Widerstandslosigkeit am Lebensende sichtbar zu machen. Öffentlich zu sterben, mit aller Lächerlichkeit, dem geistigen und körperlichen Verfall, der abbrechenden Stimme: Die Auftritte von Johannes Paul II. waren zuletzt nicht immer anrührend oder erhaben, sie hatten nichts Heiliges im strahlenden Sinne, oft hatten sie etwas Peinliches. Eine Provokation gegen die Idee von reibungslos funktionierenden Menschen. Doch die Sendeanstalten waren gezwungen, Stunde um Stunde diesen hinfälligen Alten zu filmen. Den Papst kann man nicht ausladen wie einen überalterten Talkmaster.

Er starb an einem Abend, als ich bei einem Freund das *Texas Chainsaw Massacre* sah. Draußen begannen die Glocken mit einem dunkleren Klang als gewöhnlich zu läuten. Als ich auf dem Balkon in dem dumpfen, schwerfälligen Klingen stand, begann ich tatsächlich zu weinen, vielleicht weniger um den Papst als um meinen eigenen Großvater, um den zu trauern ich damals, ich war mitten in den Abiturvorbereitungen gewesen, so wenig Zeit hatte wie danach, meine Großmutter zu besuchen, die dafür die Formel »wir haben länger nichts voneinander gehört« in ihre Briefe schrieb zwischen Berichten aus ihrem Alltag: »Ich konnte viel erledigen. Vor allen Dingen auf dem Friedhof, denn es war Totensonntag. Ich habe auch immer noch das Grab meiner Eltern zu pflegen.«

Vorgeblich hatte ich keine Zeit zu trauern, in Wahrheit hatte ich Angst davor. Noch Jahre später, wenn ich auf irgendetwas stieß, das mit meinem Großvater zu tun hatte, war ich einen Moment irritiert und meinte, er müsse noch immer im Krankenhaus sein, in dem er zuletzt gewesen war. Hatte ich den Umgang mit dem Tod verloren oder erst einmal nur die Verbindung zu denen, die mit ihm zu schaffen haben? Und war ich damit nicht gerade eine Vertreterin meiner Generation und schon der Generation vor mir, überhaupt der modernen Kleinfamilie, in der die Generationenfolge zusammenschrumpft zu einem Ausschnitt, der nur noch Kindheit und Jugend unter der Aufsicht Erwachsener im berufstätigen Alter angehören, dann trennt man sich auf unabsehbare Zeit. Mehrgenerationenhäuser sind eher tollkühne Projekte als Normalität. Und was folgt, sind Entschuldigungen, Ausreden: Ja, das mit dem Pflegeheim ist nicht ideal, aber wie sollen wir denn anders ... Und so weiter. Alles hat seinen Preis, und die Demenz, diese unzuverlässige Siebhaftigkeit, ist ein besonderer Bankrott. Das akkumulierte Bildungskapital crasht. Mild belächelt hat man die Mahnung, man könne die irdischen Reichtümer nicht mit ins Himmelreich nehmen. Dass aber das Himmelreich bereits im Diesseits einsetzt und die Reichtümer zerfallen, hat man nicht erwartet. Schnell schaut man weg.

II

Was ist so schlimm am Alter? Ist es die Vorstellung, dass die Natur uns doch noch eins auswischt, sich nicht ganz unterkriegen lässt, dass im aufgeräumten Ort vollumfänglicher technischer Versorgung noch immer der Tod mit seiner rostigen Sense lauert, die uns schon als Warnung vorab hässliche Falten ins Gesicht kratzt? Ist es, dass wir uns zu weit entfernt haben von dem, was man Sterben nennt, das früher noch im Kreis der Großfamilie stattfand und heute hinter den Türen der Altenheime, Seniorenresidenzen und Hospize geschieht? Der Pflegenotstand wird immer mal wieder ausgerufen, und manchmal bringt noch jemand vor, dass Altern nicht nur Sterben, sondern auch Würde bedeuten könnte.

Aber das Alter hat Mundgeruch und trägt Staub auf den Schultern. Es hört schlecht und weiß alles besser, nur passt das Wissen nicht mehr zu den Fragen der Gegenwart. Das Alter ist die Starre, durch die sich das eigene Verhalten nicht mehr ändert. Es hat sich so weit in der Welt eingerichtet, dass es die eigenen Routinen für realer hält als das, was um sie herum geschieht. Es entzieht sich Rentabilität und Leistung und konfrontiert uns dafür mit Vergänglichkeit und Schwäche. Es wird bedürftig. Und manchmal ist es auch die Fortsetzung einer Vergangenheit, die eine verbrecherische war.

Es gibt eine Szene, die den Konflikt zwischen dieser Vergangenheit und der Jugend, die sie so nicht länger hinnehmen will, beispielhaft vorführt: Bundeskanzler Kiesinger, geohrfeigt von Beate Klarsfeld 1968 auf dem CDU-Bundesparteitag. Die Jugend rebellierte gegen ein Alter, das sich die eigene Schuld nicht eingestand, eingestehen wollte, das einfach weitermachte, frei nach dem Satz Adenauers, man schütte kein dreckiges Wasser aus, wenn man kein reines habe. Es trug nicht nur den Namen Kurt Georg Kiesinger, es hieß Hans Filbinger, Hans Globke,

Theodor Oberländer und hörte noch auf viele andere Namen.

Von einem Arzt ließ sich Kiesinger unverzüglich das Ohr untersuchen, es ging um nicht weniger als den Körper der Macht, der hier angegriffen worden war, die Autorität einer ganzen Generation, und im Radio bat Heintje: »Du sollst nicht weinen, weil die Jahre viel zu schnell vergehen«, sang engelsgleich gegen das Altern und die Trennung, das Entwachsen aus der Unschuld an, sang beruhigend in einer Sprache, in eine Gesellschaft hinein, in der ein falsches oder gar richtiges Wort die allzu erwachsenen Abgründe inmitten der behaglich und komfortabel eingerichteten Wohnstuben der Bundesrepublik hätte aufdecken können, doch »denk an die Jahre, die noch vor uns liegen«, und wie gern wird Kurt Georg Kiesinger diesem Lied noch ein wenig zugehört haben, das ihm versprach: »Rosen blühen noch lang vor deiner Tür.«

Er, der Kanzler, der Stellvertreter eines D'accord des Weghörens, Überhörens, des Schweigens als Gold, wird gewusst haben, dass ein harter Schlag das Trommelfell schädigen kann, wird doch der Wunsch, die Geschichte stumm zu schlagen, sicherlich irgendwann einmal in ihm aufgekommen sein, und wenn nicht die Geschichte stumm, dann ihre Zuhörer taub, sofern er überhaupt die jüngste Vergangenheit für Geschichte und die Geschichte für redebegabt gehalten hat. Er wird dennoch gewusst haben, was ein Schlag mit der flachen Hand gegen Wangenknochen und Ohr dem Trommelfell zufügen kann, war doch die Ohrfeige noch eine Erziehungsmethode, die seine Generation gegenüber ihren Kindern pflegte. 1968 aber bestraften und erzogen die Kinder plötzlich ihre Eltern, nahmen sich die Deutungshoheit über das, was richtig und falsch war. Die Kritik am Alter war ein Aufbegehren nicht nur gegen hergebrachte Strukturen, sondern auch gegen Unrecht der Vergangenheit, das nicht mehr benannt oder aber längst amnestiert worden war. Kiesingers Ohr aber blieb gesund. Die Koalition zerbrach. Fritz Bauer nahm sich mutmaßlich das Leben. Heintje sang: »Auch morgen wird die Sonne wieder scheinen.«

Sich von der Vergangenheit zu befreien ist das eine, doch frei von der Vergangenheit zu sein das andere: geschichtsvergessen oder sich ihrer nur noch als Dekor bedienend, auch das liegt im Wunsch einer ewigen Jugend. Die Jugend existiert unterhalb der vollen Strafmündigkeit, sie hatte noch nicht so viel Zeit, verantwortlich zu sein für irgendwas, und sie kann sich obendrein mit jugendlichem Ungestüm von ihren Fehltritten distanzieren. Blieben wir nicht am liebsten für immer in diesem gesellschaftlichen Schutzgebiet, frei von Verantwortung und Kompromissen?

Wenn in den Metropolen des Wohlstandswestens Seifenblasen für Erwachsene in eleganten Boutiquen verkauft werden, während Kinder mit zwei Jahren ihre ersten Yogaübungen zur Stressregulierung einüben, setzt sich jene Generationenumkehrung, die Klarsfelds Ohrfeige zeigte, auf bizarre Art fort. Ermahnte die Jugend damals das Alter, so infantilisieren jetzt die Erwachsenen sich selbst und zwingen ihre Kinder nicht nur in reife Posen, sondern vielleicht auch in die Verantwortung, die sie selbst nicht wollen. Es gibt schließlich nicht nur den Wunsch nach ewiger Jugend, sondern auch nach ewiger Naivität. Man selbst bleibt doch gern im seifenblasenleichten Privaten, in dem die komplexen, oftmals abstrakten Fragen, die in die Kapillare unserer teils globalisierten, teils singulären, regionalen, zerstückelten, ungleichzeitigen Gegenwart vordringen, stumm geschaltet sind.

Wenn eine Sechzehnjährige vor der UN-Vollversammlung kritisiert, dass es zutiefst falsch sei, dass sie, eine Minderjährige, dort stehe, dann ist das vielleicht zuvorderst, aber nicht nur eine Anklage gegen die Politiker, die dort um sie herumsitzen und sich in den kommenden Tagen mit taktisch ausgeklügelten Reden stärken oder über den Tisch ziehen werden. Es ist aber auch eine Anklage oder zumindest wütende Frage, warum denn all jene, die zehn, zwanzig, dreißig Jahre älter sind als das Mädchen, das alles so hingenommen haben. Warum diese Fragen schon einmal gestellt wurden und dann die Routinen des Alltags doch wichtiger wurden und das Private eben nicht mehr politisch war, sondern vor allem privat: ein kleiner, kleinkarierter Kampf, mit dem man geradewegs in jener Leere des Bezugsverlustes, der schrumpfenden Wahrnehmung, der Kurzsichtigkeit des Interesses landet, die ein schlechtes Altern bedeuten.

Davor wäre Angst angebracht. Es regiert aber oft eher die Angst, sich zu verhalten, dieser Begleiterscheinung des Erwachsenwerdens genügen zu müssen. Verantwortung nicht nur für sich, sondern auch für andere zu übernehmen. Die Sorge, dem nicht gewachsen zu sein. Lieber sieht man nach den Regeln einer Fußball-Liveübertragung zu, bei der wir genau wissen, dass *dieser* Pass doch jetzt notwendig wäre, also jetzt, jetzt! Nein – was für Idioten!, und gelenkknackend erheben wir uns vom Sofa. Wenn wir das Geschehen von uns rücken und die Gegenwart nur noch soziologisch, als plane Fläche ab unserer Geburt betrachten, uns die historische Tiefe, die Wiederholungszwänge und fortdauernde Verzahnung entgehen, wenn wir nur noch unser unmittelbares Umfeld als wirklich begreifen und alles, was mit diesem verknüpft ist, ausblenden, dann haben wir nicht verstanden, woran die Freiheit unserer Gesellschaft gerade auch zugrunde geht. Die Freiheit, Bezug zu nehmen. Die Freiheit, das Spielfeld zum eigenen zu machen.

III

Im Spätsommer 2019 verwüstete ein Wirbelsturm die Bahamas. In den Nachrichten konnte man das Heranwachsen des Sturms zu einem Tornado der gefährlichsten Stufe mitverfolgen, wie man es eigentlich den Katastrophenfilmen vorbehalten glaubte. Sehr real zerstörte der Sturm zigtausend Existenzen, und hunderte Menschen starben oder gelten als vermisst. Der Wirbelsturm hieß Dorian, und dieser Name trifft womöglich die Gegenwart ins Herz.

Nicht, dass Dorian Gray, jener narzisstische junge und schöne Mann, der niemals altern will, das Porträt unseres Jahrzehnts darstellt oder das Gemälde von ihm, das altert, um den Fluch des Verfalls von seinem Vorbild abzuwenden. Dorian Gray muss sich noch an dieses Gemälde verkaufen, um der ewigen Jugend zumindest eine Weile nahe zu kommen. Wir sind einen Schritt weiter, zumindest brauchen wir keine Ölfarben und keine ominösen Zauberpakte mehr, um das Antlitz der Jugend zu bewahren, es reichen Botox für die einen, Smoothies mit biodynamischen Antioxidantien für die anderen, und Jahrzehnte medizinischer Forschung gibt es obendrauf: Das Versprechen wenn nicht ewiger, dann doch lang anhaltender Jugend scheint real. Und so könnte das Porträt unserer Gegenwart aus vielen Selfies mit glücklichen jungen und junggebliebenen Menschen bestehen, eines darunter vor der Kulisse des Wirbelsturms Dorian, auf den ein kindlicher alter Mann mit Atomwaffen wie mit Spielzeugpistolen zu zielen versucht, auf diese gewaltige Unruhe in der Luft. Der Mensch herrscht schließlich über die Natur. Rückkehr zu jenem alttestamentarischen Imperativ: sich die Welt untertan machen.

Im Paradies gab es noch kein Alter, nur die Ewigkeit, und erst die Vertreibung setzte die beiden ersten Menschen und all die übrigen Lebewesen dem Verfall aus, der Erbärmlichkeit, die Krankheit, Alter und Tod über sie bringen. Der Wunsch nach ewiger Jugend, nach ewigem Leben und der Rückkehr ins Paradies ist wohl so alt wie das Ende der paradiesischen Zeit selbst, wie die älteste Erzählung, der älteste Tod, so alt vielleicht wie das menschliche Denken, und doch zeigt er sich in jeder Generation ein wenig anders. Welchen Preis zahlen wir, wenn wir uns auf den Deal der ewigen Jugend einlassen, der schon bei Dorian Gray nicht sonderlich gut ausging?

Eine Gesellschaft kann nur dann das Alter schätzen, wenn ihr Erfahrung mindestens ebenso wichtig ist wie Neuerung, wenn Wissen nicht minder gewertet wird als Information, die schnell und möglichst noch schneller verbreitet wird. Wenn alles als immer erreichbarer fabuliert wird, ist das Abgeschlossene und Geschehene, sind die eingelösten und verpassten Möglichkeiten schwer zu ertragen, das Fixe, Entschiedene steht im krassen Gegensatz zum stets Zukunftsoffenen. Hätten wir nicht gerade noch Germany's Next Topmodel werden können, und wenn nicht Sieger in einem Talentwettbewerb, dann doch zumindest glücklich, in einem Leben, das sich abhebt von der grauen Carport-Ehe, das selbstbestimmter ist als die Festanstellung, offener als das Denken, das durch Routinen beherrscht wird, und flexibler als die Zahlen unserer Konten und Terminkalender? Jeden Moment war eben noch alles möglich.

Im Hamsterrad mit Traumtapete rasen wir den schönen Möglichkeiten nach, die so erreichbar dann doch leider nicht sind, uns aber gelöst haben von jener Existenz, die nur die Wiederholung der Existenz unserer Eltern, Großeltern, Urgroßeltern gewesen wäre. Mehr Entscheidungen bedeuten auch mehr Fehlentscheidungen. Scheitern kann man nur, wenn man die Gelegenheit dazu hat.

Altern dagegen ist die Verwandlung von Möglichkeiten in realisierte Wirklichkeit. Anders gesagt: Es ist die Verengung des Möglichen. Es ist die Verfestigung in realisierte Wirklichkeit. Blöd gelaufen, könnte man sagen: Wer will das heute schon? Sich verabschieden müssen von all dem, was stattdessen möglich gewesen wäre, Abschied nehmen von einer Welt, einem Leben, das alles offenhält. Dabei verliert die Möhre vor dem Esel genau dann ihren Reiz, wenn er sie mit den Zähnen gegriffen hat. Sie ist gar nicht so besonders wohlschmeckend, vielmehr ein wenig knirschend, fade, strohig, ausgetrocknet oder wabblig von all den Stunden, Tagen, Jahren, die sie vor seiner Nase hing. Die Zeit als Gegner aber soll zum Mitspieler gemacht werden, der Kontrahent zum Kollaborateur werden, man muss sie für sich gewinnen, sie muss bezwungen, manipuliert werden. Das Geld wächst nicht im Schlaf, sondern durch Transaktionen, Ressourcenplünderung. Es will gesetzt sein. Die Zeit, das Altern ist kein gleichgültiges Verstreichen, es ist ein Abfließen von Gewinneinsatz und Ressourcen.

So wie die christliche Vergebungslehre in eine protestantisch-kapitalistische Verschuldungsmoral kippte, gilt der Tod lange nicht mehr als Ziel des Lebens, eher als sein Preis. Im kapitalistischen Streben, in seiner Verliebtheit ins Noch-nicht-Erreichte ist jede Entscheidung, die gefallen ist und somit Möglichkeiten ins Aus katapultierte, eine kleine Midlife-Crisis. Das Leben, sofern wir es nicht einfrieren, ist ein stetiger Verlust, es verengt sich, und gab es nicht das Versprechen, aus der Enge ein für alle Mal ausgebrochen zu sein? Das Altern, gar das Gealtertsein ist der Bankrott. Am Ende ist alles Neue gegen Bewahrtes eingetauscht, gegen das, was der Konsumismus nicht gelten lassen kann und will. Aus einer unüberschaubaren Menge an Möglichkeiten bleibt nur noch eine: das Leben eben so, wie es gelebt worden ist.

IV

Nicht mehr funktionieren, oder anders funktionieren.
Nein: Nicht mehr funktionieren.
Die Zähne meiner Großmutter wurden nicht erneuert, es lohnte nicht mehr. Versehrtheit wird im hohen Alter eine Kostenfrage, das Leben, die Jahre, vielleicht nur noch Monate, die noch bleiben, werden dagegengerechnet. Ihre Rente war gering, das Ersparte wenig. Man sprach es vor ihr nicht aus, aber es war klar, dass es bei ihr ans Sterben ging. Als ich das letzte Mal bei ihr war, redete sie sehr wirr, und eine ihrer Angewohnheiten hatte sich noch gesteigert: In ihren Sätzen schrumpfte alles, bis es erträglich war, Blümchen, Likörchen, Abendbrotchen, Bettchen. Nur früher waren manchmal die Niedlichkeitsformen aus ihren Sätzen verschwunden, als sie noch aus ihrer Kindheit erzählte, von den Liederabenden, dem Gemeinschaftsgefühl, dem Lagerfeuer. Die Scham, als sie begriff, dass ich tatsächlich zuhörte, ein Kind von sieben oder acht Jahren.
Sie starb im April, dem unbarmherzigsten Monat. In der Kirche erzählte die Trauerrednerin etwas von einem Freiwaldau in Thüringen, obwohl meine Großmutter in Freiwaldau im heutigen Tschechien aufgewachsen war, nicht weit entfernt von Krakau, nicht weit von Auschwitz. Vielleicht fiel auch hier die Scham zu groß aus, um es mit der Geografie genau zu nehmen. Von meiner Großmutter, die nicht für Zeitungen oder Verlage, sondern in ihr Tagebuch und ab und an Briefe an mich geschrieben hatte, fand ich später eine Notiz: »In der kath. Kirche

wurde *Jedermann* aufgeführt. Ich hatte es vor vielen Jahren schon einmal im Schauspielhaus gesehen. Im Theater wirkt alles viel, viel besser als in der Kirche.« Sie wurde anonym beigesetzt, und so legte sie ihren dreimal gewechselten Namen ab auf eigenen Wunsch, als solle nichts an sie erinnern.

Feuerlöscher und Barrikaden

Erzählung vom wüsten Land

I

The nymphs are departed.
And their friends, the loitering heirs of City
*   directors –*
Departed, have left no addresses.

Europa, gibt es das überhaupt?, fragte mich ein römischer Freund beim Abendessen. Wir saßen an einem kleinen See am nördlichen Rand der mutmaßlich Ewigen Stadt, Familien zogen an uns vorbei, an den Restauranttischen um uns wurde getafelt, als könnte nichts die Lebensfreude hier erschüttern, die ich mir früher, wie viele andere aus der Ferne wohl auch, als ein stetiges Bad unter dem Wasserfall der Fontana di Trevi vorgestellt habe, warm, sinnlich und mit dem Triumph der Kunst, hinter der sich Macht und Elitarismus leidlich schön verbergen. Rom könnte eine Idylle sein, aber idyllisch ist es in Rom vielleicht immer nur für die Touristen und Pilger gewesen. Sie sind auch die Einzigen, die heute noch in die römischen Brunnen springen, die meisten von ihnen etwas weniger hübsch als Anita Ekberg, weshalb die Stadt das

Brunnenbaden mittlerweile mit einem Bußgeld belegt hat.

Mein Bekannter wohnte außerhalb, zwei Zimmer und vierzig Minuten Fahrtzeit, anderes konnte er sich trotz seines Professorengehalts nicht leisten. Bald wollte er umziehen, erzählte er, an die Piramide, dort, wo der Cimitero acattolico mit seinen Pinien eine Hoffnung davon weckt, dass das Jenseits doch kein so schlechter Ort sein könnte. Bald, bald zöge er dorthin – wenn es die Republik Italien dann noch geben sollte, wie er zynisch (oder war es doch realistisch?) meinte: Ein paar Monate haben wir noch bis zur Wahl, ein paar Monate, die ohne Staatsbankrott über die Bühne gehen müssen.

Zynismus, zumindest Sarkasmus schien das Einzige zu sein, womit mein italienischer Freund durch den Tag kam, wenn er nicht auf seinem Motorrad so halsbrecherisch fuhr, dass ich als Mitfahrerin fürchtete, Zeugin und Mitleidtragende eines Suizids zu werden. Das Glück, die Fahrt überstanden zu haben, all das Adrenalin, das mein Körper während der Tauchgänge durch die Untertunnelung Roms ausgeschüttet hatte, ließen mir die Stadt und das Leben in ihr noch einmal strahlender erscheinen. Ich musste hier schließlich nur zu Abend essen, Freunde treffen, Kirchen besuchen, ich musste hier keine Rechnungen bezahlen und gottlob trotz der Motorradfahrt nicht zum Arzt, ich musste weder Kinder einschulen noch Eltern pflegen, ich brauchte keine Perspektive für diese Stadt, die ihre Realität so vielen Wandlungen unterzogen hatte, von einem Großreich über einen Kirchenstaat hin zur Hauptstadt eines vereinigten Italien, und jetzt existierte sie vor allem für die Selfiesticks, mit denen sich Touristen aller Nationen ihre Handys vors Gesicht hielten. Reliquien als Bildschirmschoner.

Jedes Mal, wenn ich in die Stadt zurückkehre, in der ich studiert habe und in der ich einmal leben wollte, erlebe ich dieselbe Resignation, eine Stimmung des allmählichen Untergangs oder vielmehr der Gewissheit: Hier ist kein Platz für uns. Das höre ich von meinen italienischen Freunden, die noch da sind, viele sind es nicht mehr. Kein Platz für unsere Generation. Kein Platz für jene, die nicht aus wohlhabenden Familien kommen. Kein Platz für neue Ideen, für Bewegung, für Zukunft zwischen so viel Altertum. Rom sei die schönste Stadt der Welt, aber zum Leben unmöglich, sagte mir der Freund am See. Italien habe zwar eine gewaltige Geschichte, aber als Gegenwart nur Chaos und als Zukunft allenfalls den *cielo azzurro*, aber vermutlich nicht einmal mehr den.

Rom hatte sich auch dieses Mal, im Sommer 2017, wieder verändert. Die Militärpräsenz hatte zugenommen, sogar am Corso standen Armeesoldaten, Maschinengewehre an die Schulter gelehnt. Die Parks verlotterten, weil die Mafia, wie mir mein Freund erzählte, die einzige Organisation gewesen sei, die sich um die Pflege gekümmert habe – das nun also sei das Ergebnis der Anti-Mafia-Gesetze. Der *Partito Democratico* verkam, weil Renzi auch nicht besser war als … nein, eher schlechter als alle anderen, hörte ich den Freund sagen, und dasselbe hätte ich wohl über so ziemlich jeden Politiker gehört, mit Ausnahme von Andreotti und Berlusconi, denen er nur noch ein betontes Ausatmen nachgeschickt hätte, unumstößlich waren sie wie die Hügel von Rom. Aber auch jenseits von ihnen blieb Politik ein verlorenes Spiel, weil bequeme Strukturen, Nepotismus, Korruption, Ämtergeschiebe so resistent sind gegen jeden Änderungsversuch und der *Movimento Cinque Stelle*, die politische Bewegung, die damit hatte aufräumen wollen, sich nur im Schlechten darin bewiesen hatte, was er am Anfang hatte werden können, aber nicht zwingend hätte werden müssen: ein Clownsladen, der, wo er regierte, wenig hinbekam und im Übrigen Italien aus der EU treiben wollte.

Ja, die EU, die gebe es wohl, aber, so klagte der Freund, sie verstehe weder die römischen noch die süditalienischen Probleme, überhaupt die südeuropäischen Sorgen nicht. So vieles gehe weiter den Bach runter und jene, die es eingebrockt hätten, seien verschwunden, ohne eine Adresse zu hinterlassen. Die EU sehe und verstehe zu wenig, aber ohne EU gehe es eben auch nicht, ohne diese Institution mit Verwaltungsgebäuden, mit Ein- und Ausgängen, einer bestimmten Zahl von Angestellten, mit einer Struktur, die erkennbar ist, auch wenn man sie demokratisch nicht genügend legitimiert finden mag. Immerhin, es gibt sie. Aber Europa? Welche Konturen hat Europa, welche Ein- und Ausgänge, welche Struktur? Welche Probleme umfasst es, die meine Berliner Bekannten und ich nicht wirklich begreifen, obwohl wir auf der *Pulse of Europ*e-Demo Fähnchen schwenken? Probleme, die ich mir von meinem römischen Bekannten schildern lasse, die aber sofort wieder schemenhaft, unwirklich werden, sobald ich zu Hause in Berlin an meinem Schreibtisch sitze, weil sogar in Berlin, diesem Schuldensündenpfuhl der Bundesrepublik, die Parks nicht von der Mafia gereinigt werden und die Armee nicht auf der Straße steht. Und was verstehen wir von Europa, wenn wir von Berlin aus nicht einmal verstehen, was an den Rändern Roms vor sich geht?

Europa, gibt es das überhaupt?

Und wo wohnt eigentlich Madame Sosostris?

II

Madame Sosostris, famous clairvoyante,
Had a bad cold, nevertheless
Is known to be the wisest woman in Europe,
With a wicked pack of cards. Here, said she,
Is your card, the drowned Phoenician Sailor.

Diese Zeilen stammen aus T.S. Eliots *The Waste Land*, jenem 1922 publizierten weltberühmten Langgedicht über das moderne, siechende Europa kurz nach dem Ersten Weltkrieg, ein ödes Land, die Menschen transzendental ausgetrocknet und selbst die Wahrsagerin verschnupft. Sie alle sind gezeichnet von der Müdigkeit der Nachkriegszeit und auf dem Weg in ein noch vernichtenderes Chaos. Dantes Inferno klingt in Eliots Gedicht herauf, aber auch Zeilen von Augustinus und William Shakespeare, von Charles Baudelaire und Richard Wagner, sie zeichnen ein literarisches Europa über Epochen und Länder hinweg, falten es auf in seiner Widersprüchlichkeit und Zerrissenheit und finden ihren Schluss viel weiter östlich in den *Upanischaden*: »Shantih shantih shantih«. Friede, Friede, Friede.

Als ich ein paar Tage nach dem Abendessen in Rom im Hafen von Genua stand, die Stadt bereits in das Dunkel eines Juniabends abgetaucht, hinter mir die hohen, mittelalterlichen Gebäude wie von einer unsichtbaren Hand zu eng zusammengeschoben, ein kleiner Basar fand unter den Arkaden statt, nur von Männern besucht, die von anderen Männern gebrauchte Elektrogeräte und Sportschuhe kauften, und ich auf das Licht des Leuchtturms blickte, der wie aus einer anderen Zeit durch die Dunkelheit strahlte, die letzten Signale von Karthago aus zu senden schien, dachte ich weder an Eliot noch an den phönizischen Seemann aus dem Kartenspiel von Madame Sosostris, nur daran, dass das Wort Mittelmeer früher einen hellen, leichten Klang für mich gehabt hatte. Der Klang von Reisen und Sommerurlauben. Ich blickte in die vom Leuchtturm durchzuckte Dunkelheit, und es war mit einem Mal gegenwärtig, dass Europa früher andere Regionen bezeichnet, sich während des Römischen Reichs um das Mittelmeer gezogen hatte, von Skandinavien nicht viel wusste und wissen wollte und Ägypten ernster nahm als das, was wir heute Norddeutschland nennen. Und wir, was verstehen wir unter Europa? Können wir es eigentlich begreifen, ohne davon zu erzählen und uns davon erzählen zu lassen?

Diese Frage, die schnell auch eine Forderung wird, habe ich immer häufiger gehört in den letzten Monaten, vielleicht Jahren: Es müsse wieder eine Erzählung von Europa geben. Europa begann mit einer Geschichte, einem

Mythos, und somit, so scheint es, müssten wir wieder dahin zurück, zur Erzählung, dieser in den letzten Jahrzehnten skeptisch beäugten Form. Rettungspläne und Verwaltungsstrukturen, Plebiszite und Werbegeschenke allein genügten nicht, um eine Gemeinschaft, um Sinn zu stiften. Das hatten auch die nüchternsten Geister mittlerweile bemerkt.

Dabei gibt es eine Geschichte von Europa, die derzeit beständig erzählt wird. Die Geschichte handelt von Madame Sosostris, ihrem Schnupfen und ihrem Kartenstapel. Die Geschichte gibt es in vielen Varianten, mit mal schönem, mal dramatischem, mal katastrophalem und oft auch offenem Ende. Sie beginnt aber immer mit den gleichen Worten:

Als Angela Merkel im Herbst 2015 die Grenzen öffnete …

Die Variationen, die folgen, handeln mal von Mitgefühl, mal von Überforderung, sie handeln von menschlicher Größe und vom Chaos, von deutscher Hegemonie und historischer Verantwortung, von Verantwortungslosigkeit und von Humanität, von einem Taschenspielertrick, denn die Grenzen seien ja schon offen gewesen, sie wurden lediglich nicht geschlossen, sie handeln von österreichischen Pässen und italienischen Inseln, von diesem und von jenem Versagen, von Küstenwache, Seenot, von Schleppern und Flucht, von »Überfremdung« und von Massengräbern. Sie handeln wie die alten Mythen von Gut und Böse, nur sind sich die Erzähler uneins, was diese beiden Worte denn nun eigentlich bedeuten.

Und während sich die Erzähler uneins sind, geht die

Erzählung in der Realität weiter, die schon lange vor Beginn der öffentlichen, lauten Erzählung begonnen hat. Und während die Erzählung weiterging, stand ich an der Uferpromenade von Genua, blickte in die vom Licht des Leuchtturms durchzuckte Dunkelheit und dachte daran, dass das Wort Mittelmeer seine Leichtigkeit verloren hatte und heute das Wort einer von Menschen herbeigeführten Katastrophe geworden war, wie Tschernobyl und Hiroshima. Es hat keinen roten Knopf gegeben, man ließ nur Dingen ihren Lauf. Madame Sosostris hatte einen Schnupfen, und die Zukunft waren Bilder auf ein paar Karten, aber es wurden zu wenige gezogen.

III

Phlebas the Phoenician, a fortnight dead,
Forgot the cry of gulls

Auf dem Weg zurück zu meinem Genueser Hotel, das etwas höher am Hang lag, stieg ich durch schmale, schlecht beleuchtete Gässchen, in denen hin und wieder grelles Neonlicht aus einem Kiosk strahlte. Mir erschien hier nichts heimelig, die Häuser zu hoch, die Wäsche vor den Fenstern verloren, alles wie aus einem Traum von Charles Dickens oder Käthe Kollwitz, von den Hinterhöfen Europas, die noch ihre ursprüngliche, enge Struktur behalten und sich nicht in die modernen Wohnkomplexe der Satellitenstädte verwandelt hatten. Und dann trat ich auf einen Platz, an dem die vergessenen Gässchen in die nahe gelegene Prachtstraße mündeten und auf dem etwa vierzig Männer standen. Ihre Gesichter nach Osten gewandt, hatten sie sich zum Abendgebet versammelt. Das Bild dieser plötzlich vor mir aufgetauchten, wie selbstverständlich mitten im Freien stehenden Männer strahlte eine berückende Ruhe und Versunkenheit aus und schien mir zu zeigen, wie sich in dieser Stadt vermischte, vermischen konnte, was sonst als so schwer vereinbar galt, wie hinfällig unsere Aufteilungen, unsere vermeintlichen Gegensätze sind, innen und außen, unterhalb und oberhalb von Rom, Orient und Okzident, diesseits, jenseits des Meeres.

Unterhalb von Rom höre Europa auf, dann beginne Afrika, hat mir eine Bekannte vor Jahren einmal gesagt, als Lampedusa noch eine kleine Insel, der südlichste, vergessenste Fleck Italiens zu sein schien und nicht allgemein als Synonym für die verzweifelten Versuche verstanden wurde, von der nordafrikanischen Küste aus sich nach dem eingeschlagenen Pfosten auszustrecken, daran festzuhalten, jenem südlichen Punkt im Meer, der noch EU bedeutet, ein Nagel, der ein zu schweres Bild halten soll. Vielleicht hört auch nordwestlich von Rom Europa auf, in Genua, in dieser den Berghang hinaufgewachsenen, palimpsestartigen Stadt, in der die Zuschreibungen sich überlagern, oder aber sie lässt vielmehr Europa wieder aufleben, die Idee von Europa, das einmal nicht durch Landfläche verbunden war, sondern durch das Fehlen von Land, durch das Mittelmeer, das *Mare Nostrum,* über das sich die Handelsrouten zogen.

Dabei war der Grund des Provisoriums der dort in Genua auf offener Straße vor mir betenden Männer weniger betörend als ihr Anblick in der Abendstimmung: Die *Lega Nord*, las ich später in meinem Hotelzimmer, hatte sich in Genua starkgemacht gegen den Bau von Moscheen. Etwas anderes, als das Freitagsgebet gedrängt auf diesem Platz im Zentrum zu feiern, blieb den Männern gar nicht übrig. Sie standen dort nicht, weil sie gewollt, sondern weil sie nicht gewollt wurden.

Vielleicht hört Europa heute in den Metropolen auf, die sich selbst genug sind, oder in jener Provinz, in der man nichts von Fremde weiß und sie umso mehr fürchtet. Vielleicht endet Europa dann, wenn jemand beginnt, vom Abendland zu sprechen, von jenem Begriff, der erdacht wurde zur Abgrenzung von Persern und Osmanen, die dem europäischen Machtstreben, dem eigenen Selbstverständnis entgegenstanden, und mit dem Begriff des Abendlandes erfand man zugleich eine Projektion von Geschlossenheit, die es in der Realität nie gab. Abendland, was sollte das sein? Das christliche Abendland? Das barbarische Abendland? Das ökonomische Abendland? Das werte- und haltlose Abendland? Wir verstehen Europa von jedem Fleck dieses Kontinents aus anders. Vor allem aber verstehen wir es oft gar nicht.

Eine Freundin erzählte mir von einer Idee, Europa jungen Leuten näherzubringen: ein gesponsertes Interrailticket für jede und jeden zum achtzehnten Geburtstag, so unprätentios, praktisch und einleuchtend schien der europäische Gedanke sein zu können. Natürlich, nur durch Reisen und Begegnungen können wir verstehen, was Europa tatsächlich ist oder sein könnte und nicht bloß administrativ darstellt, darstellen soll. Und zugleich käme mir eine solche Reise als bloßes Urlaubsereignis, ohne historisches, ohne gegenwärtiges Bewusstsein, ohne Bewusstsein davon, dass Europa nicht ohne das verständlich wird, was jenseits davon liegt, was es ausschließt und zurückweist, doch naiv, ja falsch vor. Ein Werbegeschenk, um Sympathien für das europäische Projekt mit ein wenig Sangria, Grappa und Strandparty zu erkaufen. Mittelmeer. Der Klang von Reisen und Sommerurlauben.

Der Klang, der anders, wüst und düster, geworden ist. »Fear death by water«, warnt T. S. Eliots Wahrsagerin Madame Sosostris ihren zukunftssuchenden Klienten, den lyrischen Erzähler. »Fürchten Sie den Tod durch Wasser«, übersetzt Norbert Hummelt, und Eva Hesse schreibt es ins Deutsche als »den nassen Tod«. Was für eine harmlose, ja verharmlosende Wendung, dachte ich beim Lesen der Übertragung, doch dann, mit jeder weiteren Lektüre, sog sich das Bild mit seinem Schrecken voll, wie Kleider, die vom Wasser zu schwer werden und jenen, der sie trägt, mit sich hinunterziehen. Und der Schrei der Möwen klingt nicht bis dorthinab.

IV

What is that sound high in the air
Murmur of maternal lamentation

Es ist lange her, aber Europa hat Zeus drei Kinder geboren. Der Sex zwischen ihnen war nicht das, was man einvernehmlich nennen kann. Zeus verwandelte sich in einen

Stier, lockte Europa an, entführte sie schwimmend durchs Wasser und vergewaltigte sie. Drei Kinder, drei Halbgötter hat sie ihm geboren. Das ist der alte Mythos von Europa. Der Gott, der schändet, hätte als Gründungsmythos abscheulich genug sein können, doch er wurde in der Geschichte Europas noch weit übertroffen. Europa ist heute Inbegriff der Freiheit und des Wohlstands, des Friedens und der demokratischen Rechtsstaatlichkeit. Es ist kein Paradies, aber doch, blickt man sich in der Welt um, ein fast beispielloses Idyll – eines allerdings, an dessen Rändern Krieg und staatliche Willkür herrschen und in dessen Innerem mancherorts Freiheit und Rechtsstaatlichkeit wieder bedroht sind. Es ist zudem ein Idyll, das sich auf Ruinen gründet. Ruinen von Häusern, von Städten und Landstrichen, aber mehr noch auf Ruinen einer Vernunft, die das hellenistische Europa groß gemacht hatte und sich schließlich selbst widerlegte und zerstörte.

Mehr als auf das Christentum ist Europa auf Verwüstung gebaut, mehr als auf Nächstenliebe auf die zeitweilige Missachtung von Menschenrechten, auf die Missachtung des Menschen selbst. Sollten wir das vergessen, sollte es nicht mehr gelingen, den Konnex zu vermitteln zwischen dem, was auf diesem Kontinent geschehen ist, und dem, was wir uns im Morgen zu geschehen wünschen, wenn nicht mehr von einer Verantwortung gewusst wird, die aus der Geschichte und in besonderem Maß aus den Gräueltaten des zwanzigsten Jahrhunderts, aus zwei Weltkriegen und dem Völkermord an den europäischen Juden erwachsen ist, dann können wir die besten Werbeagenturen engagieren, um ein europäisches Narrativ ansprechend zu gestalten, wir können Fähnchen und Kugelschreiber verteilen, es wäre nicht anders als zynisch zu nennen, zynisch und blind, ein höhnisches Disneyland.

Dass die EU daran kranke, als friedensstiftendes Projekt nicht mehr zu überzeugen, hatte ich in letzter Zeit immer wieder gehört, dass sie nicht mehr nachvollziehbar sei, weil die jüngeren Generationen, also auch meine, in einem Europa des Friedens aufwüchsen. Und ich fasste es nicht, was ich da hörte, und fasste umso weniger, dass alle nickten, jaja, das verfängt nicht mehr: Um Frieden zu mögen, muss man Krieg erlebt haben. Dass Frieden eine außerordentlich attraktive Sache sei, wollte ich einwenden, die auch jene nicht so ohne weiteres hergeben, die nie etwas anderes erlebt haben. Dass derzeit viele Menschen in dem friedensstiftenden Projekt EU ankommen, die Krieg durchaus erlebt haben, wollte ich erinnern. Und zudem, wollte ich zuletzt noch rufen, nachvollziehbar kann und darf doch nicht allein sein, was in der eigenen Geschichte, in der eigenen Biografie erlebt wird. Wenn es so weit gekommen ist, dann ist etwas viel weiter im Argen, dann ist die Sensibilität für alles außerhalb unseres eigenen Bezugssystems abgestumpft, unsere historische Imaginationskraft verkümmert.

Es sind vor allem die jungen Leute, die den Friedhof besichtigen, an die Gräber kommen, erzählte mir die Leiterin des Cimitero acattolico. Wir standen auf einem römischen Empfang zusammen, neben den obligatorischen Tramezzini, Dolcetti mignon, Cannelloni in goldglänzenden Kartons, die es bei römischen Empfängen immer gibt, ganz gleich, wie es dem Land gerade geht. Es war bereits Dezember, Italien entgegen allen pessimistischen Prognosen meines Freundes als Republik noch nicht untergegangen, und man genoss, wie man es eben in Rom gewohnt ist, den gestundeten Wohlstand auf goldglänzendem Grund.

Wenn die jungen Leute heute wieder zum Grab von Gramsci kämen, dann stecke doch offensichtlich eine Sehnsucht nach Identifikationsfiguren dahinter, glaubte die Leiterin, nach Idealen, die nicht bloß als Fassade wirkten. Heute sei man hauptsächlich skeptisch gegenüber dem Staat und den Politikern, die ihn verträten, in Italien, in Großbritannien, in Osteuropa. Und in Deutschland wohl auch?, fragte sie. Ich wiegte den Kopf. In Osteuropa sei es vermutlich schlimmer, antwortete ich nur und fragte mich im Stillen, wann und wo man in Italien je großflächig den Staat geliebt hatte, abgesehen von Turin vielleicht, von wo aus im neunzehnten Jahrhundert die Vereinigung des Landes hegemonial vorangetrieben worden war. Und während ich für mich die Argumente durchging, ob und, wenn ja, weshalb es derzeit in Osteuropa schlimmer stand um die Demokratie als in Deutschland, die Staatsskepsis ausgeprägter war, neue abgeschottete Klarheiten dringlicher herbeigesehnt wurden, warum zugleich das postnationale Denken vieler, die solchen neuen Nationalismus aufs Schärfste verurteilten, an den Grenzen Europas aufhörte und die glühendsten Europaverfechter letztlich doch im nationalen Denken gefangen blieben, ihr Nationalstaat lediglich eine größere Fläche umfasste als die von Polen oder Deutschland, nämlich die Trutzburg Europa, fragte ich mich vor allem: Waren denn tote Identifikationsfiguren die besseren? Oder waren sie schlicht die einzigen, die wir uns noch zutrauten?

Ich stand am Fenster mit Blick auf die Via del Corso und dachte zurück an das Abendessen im Sommer. Draußen, vor dem Fenster, kreisten die Seemöwen über den verwitterten und verwinkelten Straßen der Altstadt, vom Meer abgedriftet, dem Tiber nachgezogen, hingen sie über der Metropole, ihre weißen Bäuche sprenkelten den Himmel und gehörten für mich so sehr zum Stadtbild wie die Brunnen und Kirchen, das Pantheon und das Ghetto. In Wahrheit aber waren die Möwen erst viel später gekommen, als die Kirchen von Sandstrahlern gesäubert und von den Autoabgasen erneut verwittert waren, im Ghetto längst die Touristen Artischocke nach jüdischer Art in sich hineinschaufelten und zwischen den Ruinen ein Pianist spielte, dort, wo die jüdischen Bewohner im Oktober 1943 zusammengetrieben worden waren, um sie nach Auschwitz zu deportieren.

V

I sat upon the shore
Fishing, with the arid plain behind me
Shall I at least set my lands in order?

Vom Cimitero acattolico aus kann man mit der Ostiense-Linie zum Strand von Ostia fahren, jenem von Büdchen und Badetüchern verbauten Sandstreifen, an dem das Mittelmeer Richtung Rom leckt und auf dem Pier Paolo Pasolini 1975 ermordet wurde. Pasolinis Tod galt meinem italienischen Freund, mit dem ich im Sommer zu Abend gegessen hatte, nicht nur als das Ende des linken politischen Diskurses in Italien, sondern zugleich als Beginn der Ära Berlusconi. Für ihn war damals nicht nur ein Leben verstummt, sondern eine Art, über Leben nachzudenken und sich für dieses Denken öffentlich Raum zu nehmen. Wir leiden weniger an einem Mangel an historischer Imaginationskraft, sagte er, als daran, dass wir uns keine andere Zukunft mehr vorstellen können. Was aber soll denn die Lehre aus der Geschichte sein, wenn sie sich in der Gegenwart als Schuld gegenüber der Vergangenheit und trotzdem als Gleichgültigkeit gegenüber der Zukunft zeigt?

Auch wenn ich die Zäsur nicht so absolut mit den Lebensdaten Pasolinis verbinden würde, wie es mein römischer Freund tat, brachte er doch nicht etwa nur ein italienisches, sondern ein europäisches Problem zur Sprache, vielleicht das Problem meiner Generation. Es scheint, als hätten viele von uns Helmut Schmidts Dogma verinnerlicht, demnach all jene zum Arzt gehen sollten, die noch Visionen haben – so sehr verinnerlicht, dass wir schon prophylaktisch von aller zukunftsgewendeten Fantasie die Finger oder besser die Gedanken lassen. Und in dem Moment, in dem die Zukunft schmal wird, wird es auch die Gegenwart, nicht nur die Erzählung von ihr, sondern ganz pragmatisch unser Umgang, unsere Fähigkeit, Lösungen zu denken. Doch wäre es falsch zu meinen, die Politik sollte nun schlicht nach Narration rufen, nach einem von der Literatur geborgten Kitt für die europäische Gesellschaft, der über das Auseinanderbrechende, sich Zersprengende gekippt wird, der dort aushelfen soll, wo politische und administrative Ideen und Fortentwicklungen geboten wären. So wirkt der Wunsch nach einer Erzählung wie der verzweifelte Hilferuf eines Schiffbruch erleidenden Systems. Und die Literatur wiederum würde sich lächerlich machen, ließe sie sich vor den verwaltungspolitischen Karren spannen.

Ob es Europa wirklich gab, das hatte mein römischer Freund mir im Sommer nicht beantworten wollen. Die Erzählung aber, an die glaubte er, an eine Erzählung gleichwohl, die sich nicht in einer mit EU-Mitteln geförderten PR-Maßnahme erschöpfte, zu einem Mantra wurde, das dann einsetzte, wenn der politische Gestaltungswille nicht genügend überzeugte. Das töte die Erzählung, sagte er, und an ihre Stelle trete das Gerede vom *fake*, von Fälschung und Lüge. Die genuine literarische Erzählung aber eröffne jenen Imaginationsraum, ohne den wir uns weder vorstellen können, wie es gewesen ist, noch, wie es sein könnte. Die Erzählungen von Europa, die sich zu hören lohnten, würden mehr vom Düsteren zu berichten haben als von den gefälligen Seiten, glaubte mein Freund, von einem Kontinent als Konstrukt zwischen Hybrid und Hybris, in jedem Fall würden sie schroff, gebrochen und vielstimmig sein wie Eliots *The Waste Land*. Aber unser Europa, sagte er, gibt es ohne sie nicht, nur ein stummes Land, das von nichts sprechen kann und keinen Ort erfinden.

Die zerlöcherte Region

Das Ortsschild begrüßt die Besucher in Jänschwalde/Janšojce. Am Ufer des Dorfweihers spielt ein Kind mit seiner Mutter, eine Trauerweide lässt ihre Äste über das Wasser hängen. Aus dem Brauhaus zur Linde strahlt diffuses Licht, Gardinen im Dreiviertel, vor den übrigen Fenstern sind die Rollläden noch heruntergelassen, und an einer Toreinfahrt hängen ein paar Ballone. Am Fußballfeld wirbt ein Banner für *LEAG, Energie für die Lausitz. Wir für die Region,* und auf dem Spielplatz steht ein kleiner Bagger, den Vattenfall sponserte, der vorletzte Besitzer des hiesigen Kraftwerks. Schon die Kleinsten sollen lernen: Wer auf dem Bagger sitzt, ist glücklich. Kohlepatriotismus könnte man das nennen.

Die Lausitz ist bekannt für die Braunkohle, seit den siebziger Jahren wird sie auch in Jänschwalde abgebaut und im Kraftwerk, das sich am Horizont abzeichnet, verstromt. *Für die Region*, das klingt doch gut, wie Apfelmost aus dem Biomarkt, auch wenn von den Gewinnen des tschechischen Unternehmens LEAG wenig in der Region bleibt, immerhin einige Arbeitsplätze werden so erhalten. Obwohl die Energie direkt hier entsteht, über fünfzehn Milliarden Kilowattstunden im Jahr 2019, sind die

Straßen so spärlich beleuchtet, dass man an einem Wintertag nicht weiß, ob es bereits Mitternacht oder doch erst kurz vor vier am Nachmittag ist. Die Stadt liegt an der polnischen Grenze, und nur zwanzig Minuten mit dem Auto sind es bis Cottbus, doch alles Städtische hat diese von Tagebauen geprägte Gegend verloren. Ein Bus fährt um sieben, halb drei und halb fünf Richtung Schule. Ohne Auto wäre man aufgeschmissen, aber an Autos mangelt es in Jänschwalde nicht. Vor den hübsch zurechtgemachten Einfamilienhäusern stehen polierte Mittelklassewagen, an der Weggabelung zwischen Jänschwalde-Dorf und Kolonie stellt der ansässige Autohändler bereits die nächsten Modelle aus. Wie ein Riss in der bundesrepublikanischen Wohlstandsdecke wirkt dieser Ort nicht, trotz der verfalleneren Häuser, die sich wie Erinnerungsstücke an eine andere Epoche zwischen den geweißelten Anwesen verloren haben.

»Klar, es gibt immer einige, die meckern, aber das sind die, die selbst nichts machen.« Dirk Markus, knapp zwanzig Jahre vor der Wende geboren, macht viel. Er leitet die Blasmusikkapelle des Orts, die in den Neunzigern wiederauferstand aus dem, was von der DDR-Feuerwehrkapelle übrig geblieben war, singt den Hauptmann von Köpenick und ist Mitglied im Verein »WIR für Jänschwalde«, der sich vom Weihnachtsmarkt bis zum Wasserspielplatz um das kommunale Zusammenleben kümmert. Da, wo überregionale Parteien wenig Präsenz zeigen und ein Vertrauen verlieren, das sie so richtig vielleicht nie gewonnen haben, könnten solche Vereine das Rückgrat einer Gemeinschaft stabil halten und die Brücke zwischen Gemeinde und Landespolitik sein. »Manchmal muss man einfach mal einen Brief an den Ministerpräsidenten schreiben und fragen, was möglich wäre. Früher hat uns LEAG unterstützt, aber das ist nicht mehr. Denen geht es auch nicht mehr so gut.« Auf dem Veranstaltungsblatt, das Markus herausgibt, ist ein blühendes Sonnenblumenfeld zu sehen, in dessen Mitte das Kraftwerk seine Wattewolken in den blauen Himmel bläst. Sind das die blühenden Landschaften, an die man einst zu glauben hatte? Waren sie es zumindest, als man noch nichts Schlimmes daran fand, wenn jährlich fünfzehn Millionen Tonnen CO_2 in die Atmosphäre geblasen werden?

»Wenn die das Kraftwerk zumachen, dann wird's ganz schön den Bach runtergehen in der Gegend. Hauptsache, es bleibt dabei, Kohleausstieg erst 2038. Dann haben die Leute eine Möglichkeit, sich langfristig darauf einzustellen und umzuorientieren.« Dass man sich seitens der Politik zu einem früheren Zeitpunkt drängen lassen könnte, ist eine seiner größeren Sorgen, und aus Markus' Sicht, der die Tage im Ort lebendig halten will, kann man das sofort verstehen. Je länger man ihm zuhört, desto beruhigter wird man, desto dringender möchte man selbst Teil dieses Bilderbuchortes werden. Eine lebendige Dorfgemeinschaft gibt es mit sorbischer Traditionspflege und Festen das ganze Jahr über, hübsche Häuser, Wald, die Dorfschenke und trotz Blasmusik die ländliche Ruhe, die eine gehetzte Großstadtseele wie ein Dinkelkernkissen beruhigen wird. Stolz zeigt Markus ein Foto seiner beiden Töchter in sorbischer Tracht. Das Sorbische war in der DDR zweite Amtssprache und wurde doch nicht gern gehört, das Provinzielle passte wohl nicht gut genug zur beschworenen Internationalität des Sozialismus. Während der NS-Zeit war die Sprache vollständig verboten. Heute werden die Traditionen der Minderheit wieder gepflegt, an der Schule unterrichtet, sie sind ein Identitätsangebot jenseits von Kohle und vergangener DDR, auch wenn es im Alltag kaum noch jemand spricht.

Früher habe sie im Laden die Sprache noch viel gehört, verstanden habe sie ja alles, sagt die Betreiberin des Dorfladens und verschwindet in den Hinterraum, wo gerade eine Soljanka köchelt. Wie lebt es sich so dicht am Kraftwerk? Ach, die Dämpfe bekomme man gar nicht ab, die zögen bis nach Cottbus, nur wenn es regne, merke man was, dann sei ein Film auf den Pfützen und Regenbottichen zu sehen. Sogar mit dem giftigen Film wirkt alles fast zu gut hier. Wo ist das Abgründige in diesem Ort? Ist es die *Tote Oma*? Nein, so heißt nur die Grützwurst, die in der Vitrine zwischen Pfeffersalami, Senf und Bratwürsten liegt. Ist es das gesichtslose Jänschwalder Christkind, ein mit bunten Bändern vermummtes Mädchen, das blind, von zwei Freundinnen geleitet, in der Adventszeit durch den Ort wandert und mit einer Rute den Dorfbewohnern über die Wange streift? Nein, das ist nur eine Tradition aus der Spinnstubenzeit.

Jetzt muss man sie also doch erwähnen, die Reichskriegsflagge, die über dem Ortseingangsschild weht, eine zweite weht auf einem Grundstück im Dorfinneren. Wir hier, wir lassen uns nicht alles gefallen, wir machen es auf unsere Art, so erklärt uns später jemand die Flagge. Die anderen winken ab: Ach, die. Ist das lediglich eine nicht ernst gemeinte Provokation? Oder fühlen sich die Jänschwalder, zumindest zwei von ihnen, so missverstanden oder übersehen, dass sie zum Protest hissen? Können sie so wenig mit der Verfasstheit der Bundesrepublik anfangen, dass sie sich mit aller Radikalität in eine längst vergangene Zeit zurückversetzen wollen? Oder ist es nur ein Zufall, dass in einem Dorf von achthundert Menschen zwei Grundbesitzer zurück ins Kaiserreich wollen? Ist es ein Zufall, dass bei der kommunalen Wahl 2019 neben örtlichen Vereinen nur Die Linke und die AfD gewählt wurden? Und was wird erst passieren, wenn der Tagebau dichtmacht, und was, wenn das so ungeordnet und übereilt geschieht wie vieles in der Zeit nach der Wende und sich noch einmal die biografischen Brüche einzeichnen, wie ein Schicksal, das man nicht loswird? Würden weitere dieser Flaggen gehisst? Oder würden die SUVs einfach von hier wegfahren, die akkuraten Häuser unbewohnt zurücklassen, das Dorf eine Geisterstadt werden?

»Seit dem Dreißigjährigen Krieg haben sie hier Katastrophen überlebt, und es wird dieses Dorf auch nach der Kohle noch geben.« Wir sitzen bei Pfarrer Kschenka im alten Pfarrhaus, dem Pfarrerssohn von damals, der nun wieder zurück ist in dem Zimmer, in dem er aufgewachsen ist, und der die Jahrhunderte überfliegt, als wäre er schon immer hier gewesen, bei der ersten Besiedelung durch einige sorbische Großfamilien, die sich karg durchgeschlagen haben, und später bei der Ankunft der Preußen, als der Alte Fritz mit einer Militärfestung im Nachbarort Peitz die Region für sich einnahm und den Militarismus brachte, mit dem man sich habe gutstellen müssen. Die

Bauern lernten schnell, im militärischen Sinne zu denken: Nie vorneweg rennen, aber auch nicht hintendran. In der Mitte bleiben und den Preußen nicht sagen, was man denkt, sondern was die hören wollen. Das Sorbische, damit konnte man den Herren in langer Hose vom Amt sowieso nicht kommen. Das war die erste Erfahrung des Nichtverstandenwerdens. Dann kamen die Nationalsozialisten in Berlin an die Macht und forschten auch hier tiefer, lockten mit Angst und Faszination. »In der DDR haben dann oft die gleichen, mittleren Kader der Nazis sofort umgeschwenkt, die wussten genau, wie das funktioniert.«

Und heute kommen wieder Leute aus Berlin oder Potsdam, mit der alten Arroganz und der Einstellung, vieles besser zu wissen, sie nehmen ihre politische Haltung als selbstverständlich und verbreiten das Gefühl, hier sei man ungenügend. Wieder gibt es das Nichtverstandenwerden. »Die Leute im Dorf sind nicht dumm, das glauben manche, die von außen kommen«, sagt Kschenka. »Aber die Leute hier haben viel durchgemacht, einige haben zwei Diktaturen erlebt. *Ende Gelände*, die haben den Eindruck, das seien alles Faschisten. Das ist einfach nicht wahr, du machst sie zu Faschisten, wenn du sie immer mehr in diese Ecke drängst.«

Als Kohlenazi wolle er nicht beschimpft werden, sagt Bernd Briesemann dann auch schnell, so als erwarte er den Vorwurf schon. Er sei kein Nazi, bloß weil er sich diese paar Jahre noch wünsche, ehe alles zu Ende ist. Wir stehen mit ihm vor den Montagehallen auf dem äußeren Tagebaugelände, zwei Stunden nach der vereinbarten Uhrzeit. Es gibt ja eine Gegenfigur zum despektierlichen Begriff des Hinterwäldlers, und das sind die Großstadtidioten, das sind wir: Leute, die sich erst einmal in Cottbus verfahren, um dann nicht zu merken, dass sie das Navi in eine völlig falsche Richtung zum Industriehof Schwarze Pumpe lenkt, obwohl sie im Tagebau Jänschwalde, vierzig Kilometer entfernt, hätten eintreffen sollen. Der aber war im Navi nicht einzugeben. Die Pressesprecherin von LEAG wahrt eine fröhliche Contenance, sie hat als junge Mutter wohl noch anderes zu tun, als für zwei Journalisten Überstunden im Kraftwerk zu machen. Aber LEAG braucht gute Presse, gerade jetzt, also führt sie uns zusammen mit Briesemann bereitwillig durch die Anlage. In den Tagebau selbst können wir nicht, durch die Klage einiger Umweltschutzverbände ist er seit September 2019 in den Sicherheitsbetrieb versetzt, bis geprüft ist, dass die durch den Kohleabbau verursachte Absenkung des Grundwasserspiegels sich nicht nachteilig auf die umliegenden Moore auswirkt. Weitergebaut werden muss dennoch, das Wasser von der polnischen Seite kümmere sich ja nicht um Sicherheitspausen, und so wird die Schlucht auch jetzt, in der Schlafpause, um fünfzig Meter in den Westen wandern, samt aller Geräte, der Brücken und Gleise.

Schwer vorstellbar, dass es vor fünfzig Jahren noch gar nicht absehbar war, was dies für eine Landschaft werden würde. Fährt man heute durch die Lausitz, fährt man vor allem weit, nicht nur, wenn man sich wie wir vom Navi in die völlig falsche Richtung lenken lässt. Die Gegend ist zerschnitten von den Tagebauen, die man auf langen Wegen umfahren muss. Der Aussichtspunkt, von dem aus wir mit Briesemann auf den Tagebau Jänschwalde sehen, hat 4,4 Sterne in der Bewertung bei Google. »Was soll man sagen, ein riesiges Loch in Brandenburg halt«, lautet ein Kommentar darunter. So tief und gewaltig ist die Landschaft von den Schluchten durchfurcht, dass man sie für naturgegebene Canyons halten könnte, durch die der Mensch nur ein paar Schienen gelegt hat, und die Ufer der Schluchten werden von einer riesigen Förderbrücke miteinander verbunden. Es könnten Landschaften ferner Welten und Planeten sein oder das, was sich in Filmstudios unter solchen vorgestellt wird, und jeden Moment erwartet man ein Geschwader von *Star Wars* durch die bräunliche Flözkulisse jagen. Einige Dörfer sind diesen extraterrestrischen Halden gewichen, verlorener als Geisterstädte, denn nicht nur die Menschen, auch die Gebäude, Gärten und Ampeln sind verschwunden, nichts erinnert mehr an sie, devastiert, sagt man, Horno ist so ein Beispiel, die Bewohner wurden in Neubauten im Nachbardorf umgesiedelt.

»Die Geschichte wiederholt sich«, sagt Briesemann und streift damit, ohne es auszusprechen, eines der großen Themen dieser Gegend: Flucht, Heimatverlust, aber auch ein Misstrauen gegen Fremde, was bis in die Zeit der preußischen Besiedlung der zunächst slawisch geprägten bäurischen Region reicht. Briesemanns Vater kam 1945 als Flüchtling nach Jänschwalde. Nur fünfzehn Kilometer weit, man kann das Heimatdorf noch auf der Karte am rechten Rand des Tagebaus sehen, doch in Jänschwalde sei er zum Menschen zweiter Wahl geworden, wie Briesemann sagt. Er glaubte damals, es wäre nur für ein paar Monate. Daraus wurde ein ganzes Leben auf der anderen Seite der Grenze, und Sohn Bernd ist selbst auf dieser Seite geblieben, hat den Hof übernommen, ein ganzes Leben hat er hier verbracht, bis auf die Zeit des Wehrdienstes war er in Jänschwalde, im Tagebau hat er gelernt, hier arbeitet er seit über dreißig Jahren. Nicht linientreu genug sei er gewesen, meint er, um auch den Wehrdienst hier bei der NVA ableisten zu dürfen. Wo er stationiert gewesen sei? An der deutsch-deutschen Grenze, ein Jahr bevor es damit eh zu Ende war, sagt er und gibt zu: Ein ganz schwarzes Schaf könne er nicht gewesen sein, sonst hätte man ihn auch dort nicht eingesetzt.

Briesemann ist hier seit dreißig Jahren Schlosser, der Tagebau ist in gewisser Weise seine Heimat. Dass es mit der Kohle nicht weitergeht, das scheint er akzeptiert zu haben, nur ein wenig Zeit will er noch, um sich umzuorientieren. Briesemann ist Mitte fünfzig, der Tagebau soll bis 2023 weiterlaufen, danach werden Leute wie er vielleicht noch für den Rückbau gebraucht. Vielleicht aber auch nicht, zumindest nicht alle. Mit jedem Wechsel verloren Menschen hier ihren Arbeitsplatz, erst die Wende, dann die Treuhand, dann Vattenfall und zuletzt LEAG. Mit jedem Wechsel sind Arbeitsplätze verschwunden, Leute vor die Tür gesetzt worden. Dass diese paar Jahre, die ihm noch bleiben, ihm nicht auch noch weggenommen werden, dafür stand er mit anderen Kumpels bei der Mahnwache, »Jänschwalde muss bleiben« und »Wir leben von der Kohle! Und nicht von grünen Männchen«.

Eines dieser grünen Männchen ist in Wahrheit eine junge Frau, sie hat als Pseudonym Nike Mahlhaus gewählt und ist Pressesprecherin der Klimaaktivistengruppe *Ende Gelände*, die lieber heute als morgen die CO_2-intensive Kohleverstromung in der Lausitz abdrehen würde. Allerdings würde sich Mahlhaus' Leben durch die Schließung auch nicht verändern, sie würde weiter in die Uni gehen, ihren Master machen, vegan essen und sich durch »unabhängige Geldquellen« finanzieren, wie Mahlhaus es nennt.

Wir sitzen im Café der Berliner Schaubühne, draußen ist der Ku'damm üppig mit Weihnachtslichtern beleuchtet. Es ist eine Woche nach der Madrider Klimakonferenz. Knapp zweihundert Staaten konnten sich nicht auf ein Ziel einigen, im *Climate Action Tracker* hat das sich selbst so oft als vorbildlich glaubende Deutschland ein *highly insufficient* abbekommen, und Mahlhaus ist wütend, wütend auf multilaterale Konferenzen, die nichts zuwege brächten, auf die Konzerne, die nur ihre Gewinne abschöpften, auf die deutsche Regierung und überhaupt auf Parteien, die versagt hätten im Kampf gegen die kapitalistischen Handlungszwänge und kaum noch eigenen Spielraum hätten. »Die demokratischen Möglichkeiten sind soweit ausgereizt, der zivile Ungehorsam ist das einzige Mittel, das uns noch bleibt.«

Mahlhaus will, was wohl die meisten wünschen, und das ist eigentlich ganz schlicht: dass dieser Planet auch in hundert Jahren noch belebbar ist. »Ist das radikal? Ist das zu viel verlangt?«, fragt sie und fügt hinzu: »Wir handeln gar nicht für uns.« Die Privilegierten träfe die Klimakrise ja erst einmal nicht. Die Menschen, die als Erste bedroht würden, seien oft einfache Leute in Entwicklungsländern und hätten nicht die Möglichkeit zu handeln. »Klimakrise ist auch Klassenkampf«, sagt sie, und wie aufs Stichwort läuft Intendant Thomas Ostermeier im Hintergrund vorbei. Am Theater hat man ja längst den Klassenkampf wieder für sich entdeckt, aufbereitet für das gutsituierte linke Bürgertum. Aber würde Ostermeier die Geschichte der Lausitzer Kohlekumpel auf die Bühne bringen, oder ist die Mahnwache von Briesemann und seinen Kollegen, ist der ostdeutsche Klassenkampf nicht hip genug für dieses Haus, bleibt man lieber bei Didier Eribon und Edouard Louis?

Mahlhaus wirkt gegen den Schaubühnenstyle fast zu erwachsen mit ihrer tiefen Gläubigkeit – nicht im religiösen Sinne, meint sie. »Es ist ein ganz tiefer Glaube an Gerechtigkeit. An Klimagerechtigkeit.« Wie christlich fundiert ihr Glaube dennoch ist, hört man an den Motiven von Sühne, Schuld und Erbsünde heraus, die ihre Erzählung leiten, als ginge man mit ihr einen Passionsweg ab. Und es ist ja durchaus passend für das Ringen um einen großen, drängenden Wandel, der über Partikularinteressen stehen sollte, die ein rasches Umdenken verzögern. »Wir haben eine unglaublich große Schuld gegenüber der Welt.« Mahlhaus meint die industrielle Wirtschaft mit ihrem Staub, Schmutz und den Abgasen, die in die ganze Welt geschickt werden, um hier in Deutschland unbeschadet Wohlstand aufzubauen. Was am Ende bleibt, ist die Grube. Die Auferstehung daraus braucht, so scheint es, mindestens einen Messias.

Sosehr man Mahlhaus' Anliegen teilt und ihren Einsatz bewundert, stutzt man doch bei manchen ihrer Ausführungen. Es ist, als klinge in ihrem Narrativ der deutschen Schuld noch eine andere Katastrophe mit, die historische Schuld des Zweiten Weltkriegs und am Genozid an den europäischen Juden. Liegt es daran, dass Mahlhaus nicht so recht aus ihrem nationalen Schulddenken herauskommt, auch wenn sie überzeugt ist, dass der Klimawandel nur global gelöst werden kann? Dass sie emotional bleibt, auch wenn die Lösungen vor allem praktikabel sein müssen? Dass sie nicht zuletzt ihre Gegner, die Kohlebefürworter, immer wieder pauschal als Nazis bezeichnet? »Es ist manchmal schwer zu differenzieren zwischen Braunkohlebefürwortern und Nazis«, sagt sie. »Aus der Distanz, aus Berlin, fällt das oft ungut zusammen. Wir hatten mal ein Banner, 2016, da stand drauf: Braun zu braun. Nazis in die Grube. Damit sind wir total auf die Schnauze geflogen, verständlicherweise.« Warum sie das gemacht haben? »Ich glaube, aus Ignoranz«, gibt Mahlhaus zu. Man sei so weit voneinander entfernt. Von Berlin sei die Lausitz weiter entfernt als Paris. Da würde wohl auch Ostermeier nicken.

Mahlhaus geht es um Solidarität. Solidarität mit allen Menschen, das zumindest glaubt sie. Aber ist das so gewiss? Thorsten Zapf erreicht ihre Solidarität nicht. Den Vizebürgermeister von Jänschwalde erinnern die Klimaaktivisten weniger an gerechte Engel als an Hooligans, denen es nur noch um Radau geht, die gar nicht mehr wissen, wer gerade gegen wen spielt. Dabei spricht auch Zapf von Solidarität, mit einem leicht melancholischen Unterton. Früher, da sei die Stimmung anders gewesen, die Kinder in Jänschwalde-Ost hätten einfach zusammen auf der Straße gespielt, man habe die Türen nicht abschließen müssen, es habe einen Gemeinsinn gegeben, nicht so wie heute, da alles vereinzelt, parzelliert sei. Zapf steht hinter dem Schreibtisch in seinem Service-Geschäft in Cottbus, in dem er Batterien verkauft, auf dem Schreibtisch ist wie eine Gedenktafel eine Chronik des Fliegergeschwaders JBG-37 aufgestellt, für das Zapf einst flog. Als die Wende kam, verlor Zapf seinen Job. Die Lufthansa habe seine Ausbildung nicht anerkannt und für die Bundeswehr habe er nicht fliegen wollen. Für die andere Seite, wie er sagt. In einem Bonbonglas liegen noch einige Süßigkeiten, eingewickelt in Glitzerpapier einer Batteriemarke, ein Wackeldackel aus Holz wacht über die Unterschriftenliste *Keine Geschenke den Hohenzollern*.

Zapf, der für Die Linke in der Lokalpolitik ist, sich aber deutlich von den »Großen« der Politik distanziert, wuchs in Jänschwalde-Ost auf, der als dritter, etwas abgelegener Ortsteil während der ersten Jahre der DDR entstand, ein Fliegerhorst und eine NVA-Kaserne, neu gebaute Mehrparteienhäuser und eine Schule. Neben dem ursprünglichen Kern aus Gehöften, Jänschwalde-Dorf, entstand zur Wende des neunzehnten Jahrhunderts die Kolonie, wo damals das Gesinde wohnte. Der neue Ortsteil Ost dagegen ist moderner als der Rest von Jänschwalde und wurde früher von den Dorfbewohnern mit leichtem Neid betrachtet, so erzählt es Thorsten Zapf. Schon sein Vater war bei der NVA und wünschte den Sohn nicht auch beim Militär. Zapf aber wurde Kampfflieger aus Überzeugung. Er glaubte an die sozialistische Idee, glaubt wohl noch immer daran, auch wenn er zugibt, dass es so eben nicht ging, dass Glasnost und Perestroika notwendig gewesen seien. Aber die Wende habe man ja nicht so gewünscht, als Übernahme des Ostens durch den Westen.

Wird gerade wieder der Osten in dem kleinen Ort Jänschwalde durch den Westen übernommen, sagen wieder die Wettbewerbsgewinner den Wendeverlierern, was sie zu tun und zu lassen haben? Natürlich habe er die Proteste mitbekommen, die Besetzung des Tagebaus im November 2019, da habe ja kein Zug mehr in Jänschwalde gehalten. Mit den Dorfbewohnern hätten die Klimaaktivisten nicht das Gespräch gesucht. Gibt es überhaupt eine Brücke zwischen den beiden Gruppen, den westdeutschen Klimagerechten der Hauptstadt und den Kämpfern für die soziale Gerechtigkeit der ostdeutschen Provinz? Was hat Mahlhaus' Klassenkampf noch mit dem zu tun, woran Thorsten Zapf einmal geglaubt hat oder immer noch glauben möchte?

Es geht um die Frage, ob man mit Empörung oder mit Empathie weiterkommt, glaubt Doktor Kathleen Mar vom Potsdamer Institut für transformative Nachhaltigkeit IASS. Sosehr die Wut und Deutlichkeit von Greta Thunberg beeindrucken und sie damit unvergleichlich viel erreicht hat, darf man nicht übersehen, dass sich manche Skeptiker in ihrer Haltung eher versteifen, wenn sie von einer Sechzehnjährigen ein »How dare you?« um die Ohren gehauen bekommen und mit Schuldzuweisungen konfrontiert werden. Wenn Menschen den Wandel als Freiheitsentzug verstehen, als Palette an Verboten und Bedrohungen wie etwa des Arbeitsplatzverlusts, dann ist es schwer, sie dafür zu gewinnen. »Aber wir leben nicht in Entweder-oder-Welten.« Gern möchte man glauben, dass es nur einen Dreh in der Kommunikation braucht, aber lügen wir uns damit nicht auch ein wenig in die Tasche? Wird der Kampf gegen den Klimawandel nicht Schritte erzwingen, die auf einem individuellen Level schmerzhaft sein werden, nicht nur für Briesemann, sondern für so ziemlich jeden in unserer Wohlstandsgesellschaft? Kann wirklich jeder Verzicht auf Privilegien nur hübsch genug verpackt auch als Geschenk durchgehen?

»Das hier ist noch nicht der Endpunkt der Menschheit«, sagt Thorsten Zapf. Immerhin, der Glaube verbindet ihn mit Mahlhaus, dass eine andere als die kapitalistische, auf Wachstum und privatisierten Profit ausgerichtete Gesellschaft möglich ist und dass wir es da durchaus besser haben könnten als jetzt. Dass es weitergeht. »Der Klimawandel ist ein menschengemachtes Problem, und das Schöne daran: Darum können wir es auch ändern.«

Ob allerdings der Kapitalismus mit dem Ende der fossilen Energien untergehen wird, wie Mahlhaus glaubt, bleibt abzuwarten. Joseph Schumpeters Beschreibung der »schöpferischen Zerstörung« des Kapitalismus, die diese Wirtschaftsform so überlebensfähig macht, wirkt auch nach achtzig Jahren überzeugender als ihre These. Luxemburger Firmen haben jedenfalls schon in Lausitzer Windkraft investiert, das Geld fließt wieder aus der Region ab wie auch die Gewinne aus der Kohleverstromung, und zugrunde gegangen ist hier erst einmal die DDR, deren Planwirtschaft noch fester und länger an die Kohle gebunden war als die ihres westlichen Nachbarn und die in ihrer marxistischen Naturauffassung auch nicht gerade viel für Umweltschutz übrighatte.

Ohne das Geld aus der Kohle wäre einiges anders gelaufen, dann hätte die Wende hier stärkere Brüche hinterlassen, meint Mathias Pösch. Er arbeitet bei Nagola Re, dem ortsansässigen Unternehmen für Renaturierungsprogramme, und in seinem Kapuzensweater stellt man ihn sich leicht auf der Seite der Klimaaktivisten und Kohlegegner vor, aber so leicht macht er es einem nicht. Sein Vater ist Tischler im Kraftwerk, seine Mutter war dort Bauzeichnerin. Sein Abitur und Studium verdanke er der Kohle. Ohne das Kraftwerk würde er jetzt nicht hier auf diesem Ökohof helfen, dass die Folgelandschaften nach dem Tagebau erfolgreich blühen und Insektenarten wieder auftauchen, die in anderen, von Landwirtschaft dominierten Regionen längst vertrieben sind. Und dass die Ameisen ein neues Zuhause finden, die auch niemand gefragt hat, ob sie mit Nord Stream einverstanden sind.

In dem alten Bauernhof am Ortsrand, in dem Nagola Re untergekommen ist, hat Pösch schon als Kind gespielt, als der Hof noch landwirtschaftlich genutzt wurde und seinen Großeltern gehörte. Nur die untere Etage des Hauses sei damals bewohnbar gewesen, auf den Speicher seien sie als Kinder nur für die Gespenstergeschichten gegangen. Jetzt sind auf dem Spukspeicher Büros untergebracht, und auf dem Grundstück gibt es Gewächshäuser und Ameisenhügel, vor einem davon stehen wir mit seiner Kollegin Stefanie Wentzel. Einen ganzen Bau aus der Erde zu heben und die einzelnen Schichten in Säcke zu verpacken könne einen ganzen Tag in Anspruch nehmen. Umgesiedelt werden die Tiere, wenn ihr Lebensraum von Bauprojekten wie Nord Stream oder einer neuen Autobahntrasse bedroht ist. Man schaffe immer nur rund achtzig Prozent, und es komme vor, dass die verbliebene Ameisenbevölkerung einen neuen Bau errichtet und die Ameisenumsiedler ein paar Wochen später wieder anrücken müssen. Wie eine Parabel auf die Gegend klingt das, auf die verbleibenden Kohlekumpels, die letzten Bewohner der devastierten, abgebrochenen Dörfer. Aber anders als die Ameisen organisieren sich die verbliebenen zwanzig Prozent nicht zu einem neuen Bauprojekt, sie stehen vor der Mahnwache beim Kraftwerk, und wenn das nicht reicht, werden sie sich wohl oder übel in die neuerliche Umsiedlung fügen.

»Die Leute, die Arbeit im Kraftwerk haben, sind zunehmend verbittert und verärgert, halten auch die meisten Argumente für Quatsch und lassen mit sich schlecht reden. Sie sind unzufrieden mit ihrem Leben«, sagt Pfarrer Kschenka über jene in Jänschwalde, die einen starren Kurs nach rechtsaußen eingeschlagen haben. »Ich denke, dass es mit anderen Dingen zusammenhängt. Ich vermute das, weil ich oft die Eltern oder Großeltern kenne.« Viele Frauen seien Ende des Zweiten Weltkriegs vergewaltigt worden, was an der Oberfläche keine Rolle spiele, aber doch in der Art, wie man mit Fremden und auch mit sich selber umgeht. Zwei Diktaturen hätten hier einige erlebt, und die alten Leute wüssten manchmal gar nicht mehr, »waren das jetzt die Nazis oder die Russen? Das ist ihnen auch egal. Du musst versuchen, brav zu sein, durchzukommen. Und jetzt, in dieser Gesellschaft, erfährst du so schlecht, was die denn eigentlich wollen. Eine autoritäre Führung ist für sie einsichtig, das ist durchschaubar.«

Vielleicht wünsche man sich einfach einen Chef wie den Alten Fritz, der dem mittleren Kader auf die Finger haute und der es doch gut meinte mit den armen Leuten. »Vater Staat, der haut nicht mich, sondern die zwischen uns.«

Der DDR-Staat allerdings hatte sich auch die kleinen Leute vorgenommen, dann jedenfalls, wenn sie aus der Reihe tanzten, Musikbands etwa und die jungen Leute des Beataufstands wurden ohne Gerichtsurteil in die Braunkohletagebaue verbracht in der Lausitz. Als Ort der Drangsalierungen waren sie gerade recht, sie boten schwere körperliche Arbeit bei den Gleisrückarbeiten und kaum eine Chance abzuhauen. Zusätzlich seien die Zwangsarbeiter mit Maschinengewehren und scharfen Hunden bewacht worden, erzählt Christian Sachse, wissenschaftlicher Mitarbeiter bei der Union der Opferverbände Kommunistischer Gewaltherrschaft e.V. Mitte der fünfziger Jahre seien im Lausitzer Tagebau Schwarze Pumpe achthundert bis neunhundert Strafgefangene und politische Häftlinge eingesetzt worden. Die zwei Hauptwellen der Zwangsarbeit habe es aber später, direkt nach dem Mauerbau und dann unter Honecker gegeben. Dass unter Honecker die DDR freundlicher geworden sei, stimme nur zum Teil, die Zahl der Strafgefangenen sei nach oben gegangen, auch sei die Zahl der Arbeitserziehungslager erhöht worden. Neben den politischen Häftlingen hätte es noch die Menschen auf den Industriejugendwerkhöfen gegeben, die in der Brikettverarbeitung eingesetzt wurden. Sachses Studie passt weder in das Bild der überwiegend heilen DDR-Gesellschaft, an die Zapf so gerne glauben möchte, noch in Mahlhaus' antikapitalistische Utopie, in der allein die Aushebelung dieser Wirtschaftsform die Menschheit zu einer besseren, empathischen und gerechten machen wird.

Pfarrer Kschenka selbst hat in der Kohle gelernt, auch sein Weg dahin war nicht ganz freiwillig. Als Sohn des Pfarrers, der sich von Jugendweihe und FDJ ferngehalten habe, seien seine Chancen auf ein Abitur nicht gerade rosig gewesen. Als es nach viel Hin und Her doch die Möglichkeit zu »Berufsausbildung mit Abitur« gab, sei nur noch in der Kohle was frei gewesen. Kschenka ging nach Senftenberg, um Maschinist mit Abitur zu werden. »Für euch aus Berlin ist das alles eins hier, für uns sind das andere Welten von Dorf zu Dorf«, sagt er. »Dass ich noch mal im Brennpunkt der Kohle sein werde, habe ich nicht gedacht. Obwohl wir schon in den letzten Jahren der DDR mit Umweltdemonstrationen was gegen Kohle versucht haben, vorsichtig, wie es damals möglich war.« Gegen die Erweiterung des Tagebaus in der Stadt Forst hat er damals demonstriert. Und nun, dreißig Jahre später, kommen junge Leute aus dem Westen, um seinen Protest in die nächste Generation zu bringen. Was ist schiefgegangen?

Wir sehen die Güterzüge in der Dämmerung an uns vorbeiziehen, auf den Bahntrassen, die die Kraftwerke und Tagebaue miteinander verbinden. Ist das der Ort, an dem sich die Klimakrise manifestiert, an dem es diesen Kipppunkt gab, der einfach nicht beachtet wurde? Weder von den politischen Entscheidungsträgern in der Hauptstadt und schon gar nicht von jenen, die ihren Gewinn aus dieser Region abziehen, noch von den Leuten, die seit

Jahren direkt dabeistehen wie Bernd Briesemann, der jeden Tag in seinem Blaumann und dem LEAG-Helm ab morgens früh um sechs die Maschinen wartet, um uns in Berlin die glitzernde Straßenbeleuchtung am Ku'damm zu sichern? Soll ausgerechnet Briesemann einer von denen sein, der diese Welt gerade zugrunde richtet, oder wird auf seinem Rücken wieder nur etwas ausgetragen, über das auf einer höheren Ebene keine Einigung gefunden wird? Wiederholt sich die Geschichte, oder ist dieser Satz nur ein Versuch, Orientierung zu geben im anhaltenden Umbruch?

Es geht zu Ende mit der Kohle, das ist allen klar, aber es braucht Ideen, Konzepte für die Zeit danach. Das sagen Briesemann und Zapf ebenso wie Nike Mahlhaus, wenn auch mit anderen Worten. Nur sehen sie den Weg bislang nicht klar genug. Die Politiker, die da oben, die kommen bei den meisten nicht besonders gut weg, weder in Jänschwalde noch im Café der Schaubühne. »Es gibt momentan keine Partei, die ich wählen kann, wenn ich Klima wählen will«, sagt Mahlhaus, die der repräsentativen Demokratie nichts mehr glaubt und eine basisdemokratische Struktur wünscht. Auch sie flaggt, wenn auch auf ganz andere Weise, gegen die repräsentative Demokratie der Bundesrepublik – wie die beiden Reichsbürger Jänschwaldes. Warum gelingt es der Politik nicht, ihre Entscheidungen und Kompromisse zu vermitteln, warum stehen ihnen Teile der Bevölkerung so feindselig gegenüber, links wie rechts? Oder war das immer schon so, haben die Aussteiger der Gegenwart nur den Humor eines Hauptmanns von Köpenick verloren?

»Wir müssen nur das Leid, das die Klimakrise verursacht, an uns heranlassen, dann sind wir zu empathischen Entscheidungen fähig«, davon immerhin ist Mahlhaus überzeugt und glaubt, dass es dann auch mit der Energieerzeugung anders laufen würde. Briesemann und seine Kollegen werden aber womöglich genug mit ihrem eigenen Dilemma zu tun haben, als dass sie für Mahlhaus' klimapolitisches *Stabat mater dolorosa* empfänglich wären, und was, wenn die Menschen sich generell nicht so ideal verhalten, wie in Mahlhaus' Idealgesellschaft vorgesehen, weil die Katastrophen immer ein wenig erfunden wirken, wenn man sie nicht am eigenen Leib erfährt, weil auch der Jünger Thomas erst glauben konnte, als er selbst in die Wunden Jesu griff, und genügend andere skeptisch blieben und lieber ihren eigenen Vorteil suchten? Vielleicht sind Menschen auch einfach zu fehlbar, um alles richtig oder wenigstens richtig genug zu machen.

»Wenn Menschen von Natur aus egoistisch sind«, sagt Mahlhaus, »wenn alle mitsprechen können und die Entscheidung dennoch ist: Okay, wir leben so weiter, dann ist das Experiment Menschheit eben gescheitert.« Die Bundesregierung ist weniger fatalistisch oder hofft einfach nicht auf den natürlichen Altruismus allein. Um das Experiment Menschheit zumindest in den deutschen Kohleregionen zu beruhigen, setzt sie auf vierzig Milliarden Euro Strukturhilfe. Das Experiment Kohle neigt sich unweigerlich dem Ende zu, und was aus Jänschwalde wird, bleibt abzuwarten. »diese gegend sieht uns ähnlich: / hier wird niemandes versprechen eingelöst / die flöze eingetauscht gegen bares / verhökert den rest deckt mild das wasser / diese gegend gibt mich nicht auf«, schreibt die sorbisch-deutsche Dichterin Róža Domašcyna über ihre von der Kohle geprägte Heimat in der Oberlausitz. Vielleicht bleibt das die durch alle Enttäuschungen geläuterte Hoffnung, die auch für Jänschwalde gilt.

Ein Tag wird kommen

Für einen Feuerlöscher war ich zurück nach Paris gereist, für den Feuerlöscher im *Le Carillon*, dessen Aufschrift ich ein halbes Jahr zuvor abgetippt hatte, wenige Stunden bevor mein Laptop am Canal Saint-Martin gestohlen wurde, doch als ich mich wieder an den Tisch neben dem Fenster setzte, war der Feuerlöscher aus dem Vorsprung verschwunden. Auf dem Platz vor dem Café lief eine alte Frau in zerschlissener Kleidung von etwas nur ihr Ersichtlichem gehetzt hin und her, an Nebentischen lachten Gäste, Scherben wurden aufgekehrt, ich betrachtete die zersprungenen Karos des Kneipenbodens und versuchte zu erkennen, welche davon am Abend des 13. November 2015 zerbrochen waren und welche nur das Alter abgenutzt hatte.

Frankreich sei zu einer Diktatur geworden, hatte mein Mitbewohner mir im April erklärt. Schlimmer als in Russland, schlimmer als überhaupt irgendwo sei es hier, meinte er. Wir standen auf dem Balkon einer für Pariser Verhältnisse geradezu weitläufigen Wohnung von sechzig oder siebzig Quadratmetern, die vor einigen Jahrzehnten eine sozialistische Autorin gekauft hatte, und ich war noch erschöpft von meiner Rückkehr aus Ruanda, wo ich für zehn Tage den Erinnerungsveranstaltungen beigewohnt hatte, mit denen das Land versuchte, das Trauma des Völkermords von 1994 nach und nach zu verarbeiten. Teils geschah dies mit bewundernswerter Klarheit, von der sich europäische Länder einiges abschauen könnten, teils mit rücksichtslosem Durchgreifen gegenüber all jenen, die sich nicht fügen wollten, und wenn ich mit Menschen sprach, dann mit jener umständlichen Vorsicht, die man pflegt, wenn niemand sicher weiß, wer alles mithört.

Aber natürlich, Frankreich war die größere Diktatur aus Sicht meines Mitbewohners, und ich bekam an jenem Nachmittag einen Vorgeschmack auf jene neue, sich bald in vielen wohlhabenden Industrieländern formierende Protestkultur, die der real existierenden Demokratie nicht mehr so recht über den Weg traute und die wir mit anderem Auslöser, aber einem vergleichbar tief sitzenden Misstrauen gegenüber dem Status quo heute auch in Berlin, München und Stuttgart sehen.

Seit jenen Wochen im 10. Arrondissement und meinen regelmäßigen Besuchen der Gelbwestenproteste, aber eigentlich schon länger fragte ich mich, woher dieses Unbehagen gegenüber der liberalen Demokratie stammte, die Ablehnung des Bestehenden, die sich nicht allein in konkreter, ja notwendiger, auch scharfer Kritik äußerte, sondern in Revolutionsbildern dachte, und die nicht die Geduld zu Reformen hatte, sondern den radikalen Umsturz wünschte. Zum Kompromiss waren einige immer weniger bereit, dem eigenen Kreuz auf dem Stimmzettel hatten sich die Wahlen im Ganzen zu beugen, die Souveränität des Volkes monadenhaft missverstehend, und manchmal schien es mir sogar wie ein bürgerliches »L'État, c'est moi«.

Wenn jedes Ich ein ganzer Staat war, wer waren dann die anderen und wie erreichte man sie? Wenige Gehminuten von unserem Balkon entfernt lag die Place de la République, auf dem samstags die Gelbwesten zusammenkamen und einige Menschen, die für ein freies Kurdistan demonstrierten oder für einen Politikwechsel in Mali. Berichtet wurde nur über die mit den gelben Westen, sie waren wütend, sie forderten: »J'veux du soleil«, und bedienten sich freimütig am Bildinventar der Französischen Revolution, wobei sie die Jahre der jakobinischen Schreckensherrschaft unterschlugen. Die anderen Demonstranten verschwanden nach ihren Protesten wieder sang- und klanglos in die Banlieues, die weiße Franzosen, ob Arbeiter, Bildungsbürger oder Minister, für gewöhnlich nicht betraten, und ich fragte mich, wer im Hier und Heute eigentlich der dritte Stand war.

In meinen Pariser Wochen sah ich verschmorte Barrikaden in den Prachtstraßen des 2. Bezirks, sah hochgerüstete Polizisten und Soldaten der Anti-Terroreinheit, die Demonstrationen absperrten, ich sah Kopien des berühmten Delacroix-Gemäldes, auf dem die barbusige Marianne und der kleine Junge mit gelben Westen ausgestattet waren. Mit diesem schiefen Vergleich schien mir die Geschichte banalisiert und die Gegenwart verkitscht.

Aber andererseits, wofür hatte Delacroix die Szene festgehalten, wenn nicht dafür, dass wir sie wiedererkennen in unserem eigenen kleinen Leben und in diesem eigenen kleinen Leben wiederum die Kraft dieser Szene. Vielleicht entsprang die Gelbwesten-Marianne dem, wie ich glaube, uns allen vertrauten Wunsch, die engen Grenzen der eigenen Lebensgeschichte auf die eine oder andere Weise zu überschreiten und sich selbst in einem Sinnzusammenhang zu erleben, der uns an Ohnmacht verlieren lässt. Die Minuten des Alltags verstreichen nicht mehr einfach so, sie haben eine Bedeutung, ein Ziel.

Natürlich ahnten wir im April 2019 noch nicht, dass ein Jahr später die Stadt nur noch mit einem *Laissez-passer* zu durchqueren sein, der Ausnahmezustand, von dem mein Mitbewohner sprach, zu einem gängigen Begriff in den Debatten werden und die Paranoia, längst in einer Diktatur zu leben, in ganz Europa von einigen sehr lauten Stimmen herausgeschrien würde.

Dass Frankreich mit dem Ausnahmezustand zu kämpfen hatte, das wussten wir allerdings schon, der *État d'urgence* war von François Hollande verhängt worden nach den Terroranschlägen vom 13. November 2015, als an der Ecke Rue Alibert/Rue Bichat ein Seat Leon gehalten hatte und Männer mit Kalaschnikow-Sturmgewehren auf die an den Cafétischchen des *Carillon* und des *Petit Cambodge* sitzenden Gäste schossen. Kurz zuvor waren im Fußballstadion Explosionen zu hören gewesen und von den meisten für Feuerwerkskörper gehalten worden, und das Bild des bunt bemalten, leicht asiatisch anmutenden *Bataclan*-Theaters blieb für alle, die niemals in Paris gewesen waren, nur als Hinrichtungsstätte des Islamischen Staats in Erinnerung, der die freizügige, assimilierte Gegenwart der jüdischen, muslimischen und christlichen jungen Leute vor den Augen der Welt getroffen hatte.

Wenn eine freiheitliche Gesellschaft von einer Bedrohungssituation erschüttert wird, steht ihre Regierung vor der zwiespältigen Aufgabe, ihre Bürgerinnen und Bürger vor der Bedrohung angemessen zu schützen und gleichzeitig nicht die Freiräume ihres Zusammenlebens unverhältnismäßig einzuschränken. Es gibt aber noch eine dritte Gefahr, der man sich bewusst sein muss, nämlich die schleichende Normalisierung eines Ausnahmezustands, die allmähliche Gewöhnung.

Gerade aus der deutschen Geschichte wissen wir um die Gefahr eines sich normalisierenden Ausnahmezustands, und damit meine ich nicht erst Hitlers Ermächtigungsgesetz, sondern Friedrich Ebert, der im Ausnahmezustand der Weimarer Republik Proteste niederschießen ließ und unangenehme Finanzreformen durchbrachte. Der Ausnahmezustand wurde eine so alltägliche Ausrede, dass es 1933 keine Zauberkunst brauchte, als er noch einmal, drastischer und grausiger, aus dem Hut gezogen wurde. Mit dem Ausnahmezustand ist nicht zu spaßen. Dass nun in Frankreich ein neuer Faschismus von Macron und seinen, wie manche meinten, neoliberalen Schergen vorangetrieben wurde, das sah und sehe ich dann doch nicht. Es gibt derzeit noch andere Feinde der offenen Gesellschaft, denen es dringender entgegenzutreten gilt. Das bedeutet keinen Verzicht auf Kritik am Bestehenden, im Gegenteil, aber es scheint mir, dass wir nicht in die alte Falle radikalisierender Ansichten und Parolen tappen sollten. Was mich am meisten irritierte, waren die oft deutlich antisemitischen Stereotype, mit denen die globale Finanzelite niedergemacht und ein Jahr später vor der angeblichen

Weltverschwörung gewarnt wurde, Bilder des späten neunzehnten und frühen zwanzigsten Jahrhunderts, die auf andere Weise als Delacroix' Marianne erschaffen worden waren, um zu überdauern.

Ich weiß bis heute nicht, was ich von den Gelbwesten hielt. Sollte ich nicht Partei ergreifen für Menschen, die zunächst nur wegen der steigenden Benzinpreise auf die Straße gegangen waren, gleichwohl Sinnbild für mehr, nämlich dafür, dass sich ihr Leben im Ganzen nicht mehr rechnete? Aber hatte ich nicht auch den Wunsch, ihnen die Leviten zu lesen wegen ihres Unwillens zum Dialog, ihrer Forderungen, die eher destruktiv als konstruktiv waren und in die sich bald alle möglichen Formen von Ablehnung und Zerstörungswut mischten? Oder sollte ich schlicht und ausschließlich entsetzt sein von dieser Gruppe, die offen antisemitische Ressentiments in ihren Reihen duldete, und niemand aus der Protestbewegung schien das Gefühl zu haben, sich davon distanzieren zu müssen?

Vielleicht kann ich es am besten mit einem Sowohl-als-auch für mich beantworten: Ich verstand sowohl ihr Anliegen als auch den Unmut derer, die ihnen einen Dialog anboten, den sie schlicht verweigerten. Ich hielt sowohl ihre Aggressionen wie auch die drakonischen Maßnahmen der französischen Polizei für bedenklich. Mir scheinen sowohl bestimmte extreme Ausprägungen kapitalistischer Wachstumsgläubigkeit heikel als auch die Forderung, den Kapitalismus gleich ganz abzuschaffen, ohne übrigens einen sonderlich genauen Plan zu haben, was danach kommen soll. Und sowohl halte ich unser Recht auf Meinungsfreiheit für ein extrem hohes Gut, wie ich es für eine ausgesprochen schale Ausrede halte, mangelnde Abgrenzung zu Antisemiten mit dem Recht auf Meinungsfreiheit zu entschuldigen.

Alles in allem waren die Gelbwesten Menschen mit unterschiedlichen Werten und Ansichten, die einte, dass sie zwar Geld für Brot hatten, aber nicht für das Fleisch im Supermarkt, zumindest nicht jeden Tag, zumindest nicht alle von ihnen, und natürlich konnte man das larmoyant finden, sich fragen, warum Menschen jeden Tag Fleisch essen müssen, aber diese Frage wirkte wiederum zynisch, wenn man sie zum Champagner in einer Edelbrasserie stellte oder als Kastengenosse eines ehemaligen sozialistischen Präsidenten mit wenig Haar, dessen Ausgaben für Friseure so hoch waren, als lebte er noch am Hofe Marie Antoinettes. Emmanuel Macron gratulierte derweil vollkommen emotionslos den Menschen zum Tag der Arbeit, als habe er nicht begriffen, dass dieser Tag nicht der Arbeit, sondern den Arbeitern galt, während sein Innenminister die Proteste mit Wasserwerfern niedersprühen ließ.

In dem Jahr, bevor ich nach Paris zog, hatte ich eine intensive Zeit mit einem selbsternannten Berufsrevolutionär. Ja, so jemanden gibt es noch im einundzwanzigsten Jahrhundert. Mit diesem Mann durchlief ich in Windeseile die verschiedenen Stufen marxistischer Verklärung und Enttäuschung. Von der Begeisterung für eine utopische Idee der globalen Gerechtigkeit bis hin zur Ernüchterung über den zu Tage tretenden Narzissmus im Weltrettungsprojekt, in dem die Verdammten dieser Erde nur die Statisten waren, und schließlich zur kompletten Illusionslosigkeit brauchte ich etwa neun Monate.

Die Frage, die ich mir bis heute stelle, ist, warum ich mich mit solcher Verve hatte bezirzen lassen, warum ich bereit war, blind zu sein für die Unstimmigkeiten und Lügen, warum ich sie zunächst übersah, relativierte, rechtfertigte und dann meine letztlich doch sich durchsetzende Ablehnung mir selbst vorwarf, als sozusagen schwarzes Schaf der großen Befreiungsidee. Warum ich darin doch der typischen Entwicklung ideologischer Denkmuster gefolgt war: Sie werden entworfen, um die gesellschaftliche Ordnung zu revidieren, damit sie endlich für eine gerechtere Welt passt, und bleiben sehr bald dabei hängen, die Welt zu revidieren, damit sie zur Ideologie passt.

Die Antwort darauf ist, wenn ich ehrlich bin, relativ einfach: Ich wollte so gern daran glauben. Weil die Welt miserabel ist, das sehen wir alle, wenn wir nicht in biedermeierlichen Tiefschlaf gefallen sind, wir leben aber eben doch in ihr und in keiner anderen, manchmal tun wir das sogar gern, dabei sind wir ständig umgeben von Konflikten, die wir nicht lösen können – oder zumindest nicht zufriedenstellend. Es ist eine geradezu beschützende Erleichterung, wenn uns versprochen wird, jemand kümmere sich darum, dass es besser werde, jemand löse die schwer auszuhaltenden Widersprüche auf, gegen die wir uns im Alltag zu häufig erwehren, indem wir sie einfach ausblenden.

Schlichte Lösungen, laute Anklagen, klare Schuldsprüche sind vermutlich für uns alle verführerisch. Manchmal ist man einfach müde und möchte nicht allein sein mit der

Erschöpfung, und wenn die Welt schon nicht intakt ist, dann soll es doch bitte wenigstens die Grenze zwischen Gut und Böse sein. Vielleicht wünschen wir uns nur, dass dieses aus der Kindheit stammende Versprechen »alles wird gut« endlich wahr werde, und wenn nicht für uns, dann möchten wir das Versprechen zumindest weitergeben, ohne uns selbst der Lüge gewiss zu sein. Die Kindheit ist idealerweise eine Zeit, in der es Hoffnung auf eine heile Zukunft gibt, während wir als Erwachsene damit konfrontiert sind, dass es eben nicht gut wird, schon gar nicht alles, und gegen die regressive Hoffnung, es möge doch anders sein, ist, glaube ich, niemand gefeit.

Der Wunsch, eine andere Geschichte anzunehmen, ist ein Wunsch, der dem Erzählen vorausgeht, der Wunsch nach einer Geschichte, die bedeutender erscheint als das eigene Leben oder der zumindest so viel Sorgfalt zuteilwird, dass die Bedeutung, die unserem Leben inhärent ist, spürbar wird. Eine Geschichte, ein Leben, das ja an sich ebenso bedeutend und unbedeutend ist wie jede andere Geschichte auch, aber durch den Maler Delacroix, durch den Protokollanten Restif de la Bretonne, durch einen bestimmten Moment, der im Nachhinein als epochal ausgemalt wird, wirkmächtiger erscheint.

Die Kraft der Literatur ist zum einen, durch Präzision und Tiefe in der Beschreibung vergangene Epochen zu erhalten, und zum anderen gelingt es ihr eben dadurch auch, uns unser Leben immer wieder anders vorstellen zu lassen, uns aus den festgefahrenen Bahnen unseres Alltags, unserer getroffenen Lebensentscheidungen herauszuheben und in die Möglichkeit hineinzudenken.

Es ist wohl kein Zufall, dass der Französischen Revolution eine Phase höchster literarischer und dramatischer Produktivität vorausging und viele der führenden Revolutionäre selbst Schriftsteller waren. Allerdings zeigte sich bald, dass die Regierungsgeschäfte keine Theaterinszenierung waren und die Truppen des Herzogs von Braunschweig nicht etwa nur zur Generalprobe auf Paris vorrückten. Das junge Parlament, die neue Regierung stand unter immensem Druck von innen und außen, und Robespierre hielt als Antwort darauf seine berüchtigte Rede, in der er den *Terreur* als Mittel des Machterhalts fand, eine Rede, von der wir bis heute Spuren in den Bodenkacheln des *Le Carillon* finden.

Mit Robespierres Rede vom »Régime de Terreur« war der moderne Terrorismus zwar noch nicht in seiner jetzigen Fasson geboren – als Aufkündigung des staatlichen Gewaltmonopols, als punktuelle, aber kaum vorhersehbare und daher flächendeckend wirkende Erschütterung des Sicherheitskonzepts moderner Staaten –, aber das Wort war mit aller Brutalität da und mit ihm die Idee, dass der Zweck die Mittel heilige. Diese Idee übertrug den bedenklichsten Aspekt aus der göttlichen Legitimationssphäre des Ancien Régime in die säkularisierte Herrschaftsform des modernen Staates, nämlich die willkürliche Gewalt, die sich als Mittel für ein höheres Ziel rechtfertigt.

»Ein Tag wird kommen« – so hat es Victor Hugo vor über einhundertsiebzig Jahren in seiner berühmten Rede beim Pariser Friedenskongress 1849 gesagt. Seine Utopie war eine andere als die von Robespierre und seiner Genossen, auch wenn sie fraglos auf die Errungenschaften der Französischen Revolution aufbaute, auf das, was vor den Schreckensjahren der jakobinischen Herrschaft geschehen und in Bewegung geraten war. Hugo entwarf ein Europa, in dem Menschen wie Regierungen begriffen hatten, dass sie mehr vereinte als trennte.

Ein Tag wird kommen, und natürlich, wir können sagen, dieser Tag ist längst da, auch wenn wir nicht verschweigen sollten, dass zwischen jenem Versprechen Hugos und diesem Tag, der dann endlich gekommen ist, die dunkelsten Jahre der Menschheit lagen. Ein Tag wird kommen, ist da. Ich glaube es und glaube es zugleich nicht. Nicht ein Tag, es wird eine Woche kommen, ein Monat, ein Jahr, ein Jahrzehnt. Die bessere Gesellschaft wird nicht hereinbrechen wie eine Revolution, sondern peu à peu entstehen, wenn wir uns ernsthaft und das heißt auch manchmal schmerzhaft bemühen im stetigen Rollen eines schweren Steins den Berg hinauf, im Bohren der harten Bretter, die die Welt bedeuten.

Trost der Wolken

Die Sehnsucht nach dem Anderen

Jesus hängt vor mir, überlebensgroß. Mit dem Blick taste ich über seine Brust, streife hinab zu seinem Nabel, über seine schmale, ausgehöhlte Taille. Es ist nicht der leidende Christus der Gotik – die Hüfte leicht geneigt, das tieftraurige, erschöpfte Gesicht zur Brust hin gesunken. Dieser Christus sieht mich offen an, seine Beine sind parallel zueinander ausgestreckt, als stünde er doch noch oder von neuem auf festem Grund. Die Vorahnung des Osterwunders, neoromanisch und bronzen.

Viel ist wieder vom christlichen Abendland die Rede: als identitätsstiftendes Herz unserer Gesellschaft, als Selbstversicherung und als Distinktion gegen das Fremde, das sich für manchen griffig unter dem Schlagwort Islam zusammenfassen lässt. Aber wo genau liegt dieses vielbeschworene Abendland? In den Bars der Großstädte, in denen hedonistisch die Hochzeit zu Kana neu gefeiert wird? In den mittelständischen Unternehmen, die mit protestantischer Ethik Exportweltmeister werden? Im C der Union oder im Gottesbezug des Grundgesetzes? In den gepflegten Eigenheimen, vor denen die Zäune immer höher wachsen, um die eigene Identität zu stabilisieren? Oder doch dort, wo man sein ganzes Leben dem Glauben widmet?

Fast allein bin ich in der Klosterkirche St. Michael, nur ein Pater kniet hinter mir, ins Gebet vertieft, und eine junge Frau sitzt ganz vorne in einer Kirchenbank. Die Stille flimmert, die schlanken Säulen der Kirche öffnen den Raum – oder haben die wenigen Tage, die ich jetzt außerhalb der Welt, jenseits des Alltags lebe, meine Wahrnehmung schon so sehr verändert? Gibt es eine Überreizung, die einsetzt, wenn die konstante Ablenkung durch Eilmeldungen und Verkehrslärm, durch Sonderangebote, Terminstress und verspätete Züge ausbleibt?

Ein Rascheln links vom Chorgestühl, wie Gefieder klingt es, als habe jemand die Tür eines Taubenschlags geöffnet. Fast lautlos sind die Schritte der dreizehn Benediktinerinnen. Vor dem Altarraum verneigen sich die Frauen, je zwei Schwestern nebeneinander, eine fest eingeübte, symmetrische Aufführung, als säße ich im Theater, hier, am Rand von Hildesheim, einen Kilometer von der nächsten Busstation entfernt. Sie verteilen sich auf die Chorstühle rechts und links des Altars, eine Stimmgabel schlägt gegen ein Buch, zwei Nonnen heben an zur ersten lateinischen Zeile. Wie fremd ihre Worte klingen, nicht bloß nach geographischer Ferne, sondern nach einer anderen Zeit, durch keinen Langstreckenflug zu erreichen. Diese Frauen spielen nicht, und wenn doch, dann mit einer so radikalen Hingabe, dass meine gewohnten Kategorien nur streifen können, was sich dort im Chorgestühl zuträgt und uns drei einsame Zuschauer umfängt.

Und dann ist es doch, als träfe ich die Schauspielerin hinter der Bühne. Sie trägt noch ihr Kostüm, der weite Schnitt ihres Habits hält ihre Bewegungen feierlich, als sie den Speisesaal des Gästehauses betritt. Schwester Renatas Miene ist nicht mehr versunken wie vorhin in der Kirche. Ihr Gesicht wirkt entspannt, sie blickt mich mit einer Ruhe an, die fast körperlich zu spüren ist. Möglich, dass ich an ihr nur wahrnehme, was ich an diesem Ort erwarte, aber vielleicht ist jene Anspannung ihr wirklich fremd, mit der wir tagtäglich unsere Fassade aufrechterhalten und die ich längst als Normalität nehme. Mit einundzwanzig ist sie ins Kloster eingetreten, seither lebt sie nach einer Regel, die vor knapp anderthalbtausend Jahren niedergeschrieben wurde. »Der erste Schritt zur Demut ist Gehorsam ohne Zögern«, ist bei Benedikt von Nursia zu lesen.

»Bitte verwechseln Sie das nicht mit Kadavergehorsam«, sagt Schwester Renata entschieden. »Es geht gerade nicht darum, ein Rädchen im Getriebe zu sein. Bei Benedikt kommt Gehorsam vom Hören: Den anderen hören. Gott hören. Um dann selbstbewusst zu antworten. Das ist keine Selbstaufgabe, sondern Selbsthingabe. Man kann sich selbst ja erst verschenken, wenn man sich gefunden hat, wenn man weiß, wer man ist. Alle reden von Freiheit, aber ich habe das Gefühl, dass viele in großer Unfreiheit leben«, sagt sie. Ein Absolutes an Wahlmöglichkeiten werde synonym gesetzt, doch was die innere Freiheit ist, werde nicht mehr gefragt. Hört man Schwester Renata zu, könnte sie darin bestehen, das Ich nicht so groß werden zu lassen, dass es uns erdrückt.

Nach dem Essen trete ich hinaus in die Dunkelheit. Das Klostertor steht offen, wo genau die Klausur aufhört, ob bei diesem Schritt oder bei jenem, kann ich nicht ausmachen, und es ist wohl auch nicht so wichtig, liegen doch ohnehin nur Bäume vor mir und Fenster mit heruntergelassenen Rollläden. »Die Klausur wurde bei Männern immer laxer gehalten als bei Frauen. Von uns wurde das größere Ideal erwartet«, hat mir Schwester Renata erklärt. Doch natürlich bot die Klausur auch Schutz vor männlicher Einmischung und Bevormundung. In Jahrhunderten, da sich weibliche Macht überwiegend darauf beschränkte, machtvoller Gegenstand der Minne zu sein, gab ein Kloster Freiräume hinter den Klausurtüren. Ist es das, was sich manch selbsternannter »christlicher Abendländer« wünscht, eine Klausur als Schutz vor frei fluktuierender Fremdheit? Doch wer im Kloster Europa die Steigerung der Festung Europas erträumt, sollte nicht übersehen: Die monastische Klausur ist eine invertierte Grenze, verschlossen von innen, durchlässig für das Außen.

Manchmal kommen Landstreicher vorbei und freuen sich über die benediktinische Gastfreundschaft genauso wie die Besucher, die im Gästehaus des Klosters für ein paar Tage aus ihrem Alltag herauskommen. »Vor allem bei der Aufnahme von Armen und Fremden zeige man Eifer und Sorge, denn besonders in ihnen wird Christus aufgenommen. Das Auftreten der Reichen verschafft sich ja von selbst Beachtung«, ist bei Benedikt zu lesen. Es standen auch schon Frauen vor dem Klostertor, die vor ihrer persönlichen Lebenskrise flohen: Jobverlust, Scheidung oder einfach Ratlosigkeit, und die am liebsten gleich das Noviziat angetreten hätten. Doch nicht um eine Flucht vor der Welt geht es, sondern um einen Weg in die Tiefe des Glaubens. »Eine Zumutung«, hat Schwester Renata über ihren eigenen Glauben gesagt. »Ein anspruchsvoller, ein herausfordernder Glaube. Nicht vom Weg abzuweichen, ihm radikal bis zum Ende zu folgen, bis in den Tod zu gehen für die Liebe.«

»Dieweil die Liebe wächst und blüht in der Seele, steigt sie, voller Gier, auf zu Gott«, schrieb im dreizehnten Jahrhundert die Mystikerin Mechthild von Magdeburg. Als stilisierte Bronzefigur steht sie mit den zwei anderen berühmten Schwestern des Klosters Helfta am zugefrorenen Teich – mit Gertrud von Helfta, in Lateinamerika verehrt als große Dame der Herz-Jesu-Anbetung, und Gertrud von Hackeborn. Als sie hier lebten, trug das nahe gelegene Eisleben noch nicht den Beinamen Lutherstadt und noch niemand ahnte, dass dieser Landstrich einmal sozialistisch sein würde. Nicht nur der Teich, der zwischenzeitlich zur Güllegrube verkam, hat ein wechselhaftes Schicksal erlebt in den Jahrhunderten, die seit der Regentschaft der drei Damen vergangen sind. Im sechzehnten Jahrhundert wurde die Anlage säkularisiert, man funktionierte die Kirche und die Klostergebäude zu landwirtschaftlichen Nutzräumen um und ließ sie schließlich, in den letzten Jahren der DDR, zur Ruine verkommen, ein Gelände voller Abfall, durchzogen von schlammigen Wegen.

»Ich habe so etwas Marodes noch nie gesehen«, sagt Schwester Klara Maria. Wir sitzen in einem der Zimmer des Gästehauses, durchs Fenster blicken wir über den See auf das restaurierte Herrenhaus. Daneben liegt ein Gebäude noch immer brach, sonst hat alles wieder eine geordnete Form gefunden: die Kieswege und das Schilf, der Kirchenbau und die Bank am Teich, die Gänge des Klosters sind bis zum Boden verglast, eine transparente Klausur. Doch Schwester Klara Maria klingt, als müsse sie noch einmal durch den Schlamm waten, vielleicht ist es auch das Befremden über einen Landstrich, in dem das Misstrauen gegenüber Religion und Kirche groß ist.

»Ob ich selbst gläubig geworden wäre in so einer Gegend? Ich weiß es nicht«, sagt sie. Im November 1998 kam sie hierher, ausgeliehen von einer anderen Ordensgemeinschaft für ein Jahr, um den Aufbau eines Zisterzienserinnenklosters an diesem Ort zu unterstützen. Die Zisterzienser gehen auf eine Reform des benediktinischen Mönchstums im späten elften Jahrhundert zurück, zu einer Zeit, da die monastische Macht beachtlich war und in vielen Klöstern mehr Luxus als labora herrschte: Zurück zu den benediktinischen Regeln wollten die Zisterzienser, fort vom Machtzentralismus des Klosters Cluny, größere Unabhängigkeit vom Mutterkloster und Mitentscheidungsrecht aller Oberen im Generalkapitel – Vorformen föderaler und demokratischer Machtverteilung entstanden zu einer Zeit, die noch nichts von der Magna Charta wusste.

»Für die Besucher, die zu uns kommen, wird das Gästehaus schon ausreichen«, sagt Schwester Klara Maria und blickt hinüber zum Hotel, das im Herrenhaus eingerichtet wurde. Der Hotelbetrieb des Klosters ist derzeit ausgesetzt, zu wenig Nachfrage. Jetzt leben fünfzig Geflüchtete dort. »Wir würden ja gerne mehr Menschen aufnehmen, aber die Feuerschutzbestimmungen ...«, sagt sie. In den Fluren hängen Zettel, die auf Deutsch, Englisch und Arabisch das Haus erklären: Dort geht es zu den Wachmännern, da ist der Ausgang, und nirgendwo darf geraucht werden. In einem Raum mit Clipboard und heruntergerissener Gardine geben die Schwestern Deutschunterricht.

Ist es befremdlich für die Ankommenden, ausgerechnet von christlichen Nonnen aufgenommen zu werden? Oder für die Schwestern, dass ihr Kloster nun mit einer anderen Religiosität belebt wird? Ach, man müsse die Unterschiede nicht zu groß machen, Gott offenbare sich eben für jeden anders, meint Schwester Klara Maria und erzählt von den Menschen, die vor dem syrischen Regime und vor dem IS geflohen sind, von dem jungen Paar erzählt sie, das auf der Flucht das erste Kind bekommen hat. So nah an die Weihnachtsgeschichte ist man selbst im Kloster noch nicht gekommen und so nah an die Wut einiger Mitbürger auch nicht. Bei einer Informationsveranstaltung hatte es lautstarke Zwischenrufe gegeben, man habe mittlerweile guten Kontakt zur Polizei, falls doch etwas passiert, und da läutet es wieder. Um Viertel nach fünf wird die Vesper gesungen.

In der Plattenbausiedlung am Jakob-Kaiser-Platz im Norden Charlottenburgs bleiben die Glocken still, es ist kurz vor sieben, ein schier endloses Feld aus Rechtecken in Grau und Blau hebt sich aus der Dunkelheit. Ein Mann raucht auf seinem Balkon eine Zigarette und sieht mit leerem Blick den Autos auf der Stadtautobahn nach. Über ihm sinkt ein Flieger dem nahen Flughafen Tegel entgegen.

Die Reliefs des Kreuzwegs sind im Zwielicht nur kantige Schatten. Noch verschlafen stolpere ich über das gepflasterte Feld. Umgeben von anthrazitgrauen Mauern, erinnert es eher an einen Appellplatz als an einen Kirchhof, und der Glockenturm, abgesetzt vom Kirchenbau, lässt an einen Wachturm denken. Etwas weiter aus der Siedlung heraus verspricht eine Schrebergartenkolonie den kleinen Traum vom eigenen Garten mit Deutschlandflaggen und Fahnen von Hertha BSC. Hinter den Parzellenreihen mit bedrückend idyllischen Namen wie »Heideschlösschen« und »Heimat« liegt die Justizvollzugsanstalt Plötzensee. Ein Teil des Gefängnishofes, der einstige Hinrichtungsschuppen, ist heute Gedenkstätte. 2891 Todesurteile wurden in der NS-Zeit in Plötzensee vollstreckt, viele trafen christliche Regimegegner.

1960 wurde der Grundstein gelegt für die katholische Gedenkkirche Maria Regina Martyrum. In der Krypta liegt eine Gedenkplatte für die Blutzeugen von Plötzensee, »denen das Grab verweigert wurde, … deren Gräber unbekannt sind«. Kerzen brennen davor, mittags treffen sich hier die Schwestern zum Friedensgebet. Die ersten von ihnen zogen 1982 hierher, zwölf Schwestern aus dem Karmel in Dachau, um die Gedenkkirche belebt zu halten, Kontemplation umschlossen von Beton und Flugverkehr. Zwei Stunden stilles Gebet gehören zum Tagesablauf der Teresianischen Karmelitinnen. Gespräch mit einem Freund, so hat es Teresa von Ávila genannt und mit ihrer Reform der karmelitanischen Spiritualität im sechzehnten Jahrhundert eine Innerlichkeit geschaffen, die auch eine Emanzipation von der Autorität männlicher Geistlichkeit darstellte.

Vielleicht ist ein Gebet zu wenig und die Theodizee nach den Erfahrungen des zwanzigsten Jahrhunderts ausgeschlossen. »Plötzensee, der Widerstand im sogenannten Dritten Reich machen uns deutlich, dass es Grenzen der Versöhnung unter Menschen gibt, dass Versöhnung nicht um jeden Preis erkauft werden darf«, sagte die Gründungspriorin des Berliner Karmel, Schwester Gemma, wenige Jahre nach der Klostergründung. »Vielleicht gehört es zu den Aufgaben einer kontemplativen Gemeinschaft in der Nähe von Plötzensee, diese Spannung zwischen Widerstand und Versöhnung und ihre wechselseitige Zuordnung bewusst zu halten.« Das Unerhörte, das Fremde, was zweifeln und mitunter verzweifeln lässt, hineinzulassen in die eigene Wirklichkeit – das ist es, was mir hier wie in Helfta und Marienrode gelebt zu sein scheint: die Sehnsucht nach dem ganz Anderen, die, wenn er oder es gefunden ist, nicht aufhört, sondern sich weiter steigert. Ich betrete die Kirche, der Straßenlärm sinkt hinter mir ab, und in der Stille der Krypta klingt der Gesang der Schwestern wie eine Hoffnung, dass Beten doch noch hilft.

Vom Trost der Wolken

In einem Wasserglas stand ein Strauß Veilchen zwischen uns auf meinem Küchentisch. Vor wenigen Tagen erst war ich von meiner Reise aus Ruanda zurückgekehrt in meine Berliner Wohnung, die mir in diesem April kalt und trostlos erschien. Der Redakteur eines katholischen Magazins saß mir gegenüber und befragte mich freundlich zu Glauben und Zweifel, zu den beiden Päpsten, die sich die Gartenwege hinter dem Petersdom teilten, und je länger er redete, desto heftiger widersprach ich ihm, doch anstatt mich dadurch zu befreien, fühlte ich mich nur tiefer in eine nicht zu besänftigende, vollkommene Trostlosigkeit gleiten. Ich starrte vor mich hin, antwortete etwas, sah zu dem netten Redakteur auf und wollte wenigstens ihm zuliebe etwas Versöhnliches sagen, aber es gelang nicht. Es war nur ein einziger Gedanke in meinem Kopf: Ich kann an das alles nicht mehr glauben.

Nicht wie ein vorsichtiger Zweifel fühlte es sich an, von dem man weiß, dass er sich besänftigen lassen wird, auch nicht nach Gleichgültigkeit, es war eine entschiedene Abkehr, ohne etwas anderes zu haben, das an die Stelle zu setzen wäre, und es war das Eingeständnis darein, nur die Verzweiflung als ehrliches, entblößtes Gefühl anzuerkennen. Das schwer Auszuhaltende an einem solchen Zustand ist nicht das akute Gefühl von Trauer, es ist nicht, dass Trost nicht mehr ist, sondern dass Trost nicht mehr sein kann.

Vielleicht weil ich in Ruanda gesehen hatte, was wir an so vielen weiteren Orten dieser Welt sehen können, Spuren davon, was Menschen einander angetan haben, was sie einander antun können und was sie einander wieder antun werden, und weil ich danach nicht mehr verstand, wie wir uns positiv auf das Wort *Menschlichkeit* beziehen können; vielleicht weil ich nicht wusste, worum es noch gehen soll, wenn wir das Versprechen der Menschlichkeit verloren haben, weil es sich eingelöst hat, es hat sich eingelöst auf die schrecklichste Art; vielleicht weil mir auch die Kirche, die doch Trost geben soll in einer trostlosen Welt, nur wie eine weitere zerbrochene Schutzzone schien, von außen und von innen zerstört. Ich meinte zu begreifen, dass alles, was uns je als Halt versprochen worden ist, alles, was uns Besänftigung vorgaukelt, nur eine Lüge oder Ausrede ist, und wenn es doch einmal ehrlich gemeint war, ist es längst durch die grenzenlosen Herrschaftswünsche, die Hybris von wenigen ausgehöhlt.

*

Weil ich glaube an die Sehnsüchte der Menschheit,
ähnlich den Pappeln und Kiefern,
und an die Reihen ähnlicher Schönheit,
die Auferstehungen und Frühlinge.

Das schrieb ein junger polnischer Lyriker im Jahr 1939, kurz nachdem am ersten September frühmorgens von der deutschen Wehrmacht »zurückgeschossen« worden war, »zurückgeschossen« in ein seit Jahrhunderten zwischen Großmachtinteressen zerrissenes und zerriebenes Land. Das, was ab jenem September 1939 für die Bevölkerung dieses Landes eintrat, war nicht allein der Krieg. Es war Zwangsarbeit in Fabriken und Steinbrüchen, »Rassentrennung« in den Trams und an öffentlichen Plätzen, es war das Verbot der polnischen Sprache, es waren Schüsse im Ghetto, und schließlich war es das Rattern vorbeifahrender Güterzüge in der Nacht, die ab 1942 von weit her Richtung Krakau fuhren, genauer gesagt in einen kleinen Ort etwa fünfzig Kilometer westlich davon. Oświęcim, Auschwitz. Jener Ort, der unser Reden über Menschlichkeit, gar ein poetisches Reden zunichtemachen wird.

»Geschaffen in Schmerz und Angst«, fügte der Autor 1940 als Notiz zu seinen Gedichten hinzu, »geschaffen im ständigen Zweifel, dass das Unwahrheit ist, Trug und Belustigung, Reimspiele und nichts weiter.

Aber irgendeine Kraft sagte: Doch, das ist die Wahrheit – vielleicht keine Wahrheit der Welt, aber deine Wahrheit. So eine Wahrheit hast du gewählt und so hast du die Dinge gesehen.«

Kann Poesie etwas ausrichten gegen die Unzumutbarkeit der Welt? Kann sie uns Schutz, Glaube oder Hilfe zum Glauben sein? Oder, wie es der Autor nennt, eine Wahrheit? Oder ist all das im Angesicht eines beginnenden Weltkriegs albern, geradezu unangemessen, muss die menschliche Fähigkeit, Sinn zu stiften in der Sprache, einen metaphysischen Raum zu öffnen durch Metrik und Melodie, vor der Realität der Gewalt kapitulieren?

Vielleicht aber wird es albern erst dadurch, dass wir die Überlegenheit des Krieges gegenüber anderen Formen des menschlichen Handelns anerkennen, ihm somit zusprechen. Ich will nicht so naiv sein, die unzweifelhafte physische Zerstörungskraft der Gewalt zu relativieren, ich will nur darauf hinweisen, dass unsere Fähigkeit, Sinn zu finden oder zu geben, durch physische Gewalt nicht sofort gebrochen werden muss. Der junge, gerade zwanzigjährige Mann hielt den Zweifeln mit aller Unsicherheit, mit aller möglichen Fehlbarkeit etwas entgegen, das ihm schließlich doch gerechtfertigt schien. Es ist das, was er gewählt hatte. Das, was er gesehen hatte. Vielleicht keine Wahrheit der Welt, aber seine eigene Wahrheit.

»Se mi sbaglio, mi corriggerete«, wird dieser Mann knapp vierzig Jahre später sagen. Als neu gewähltes Oberhaupt der katholischen Kirche zeigte er sich auf dem Balkon des Petersdoms und forderte die auf dem Platz versammelten Gläubigen auf: Wenn ich mich irre, werdet ihr mich korrigieren. Es ging, so scheint es, lediglich um die italienische Sprache, »la vostra, la nostra lingua«, eure, unsere Sprache, wie sich Johannes Paul II. sogleich verbesserte, der erste nichtitalienische Papst seit Jahrhunderten. Und es ging doch um sehr viel mehr, denn die Sprache ist es, in der wir irren und Wahrheit finden, in der wir anklagen und um Verzeihung bitten.

»Wenn ich mich irre, korrigiert mich.« Es ist ein Satz, der das Unfehlbarkeitsdogma wieder auf ein menschenmögliches Maß setzt, die Gemeinschaft der Christen auffordert, ihn dort oben nicht allein zu lassen. Es ist ein Satz, von jemandem gesprochen, der selbst gesehen hat, was geschah, als Menschen idolisiert wurden, und welche Verwüstung, welche Schrecken dies nach sich zog.

»Männer, Frauen und Kinder schreien zu uns auf aus den Tiefen des Gräuels, das sie erfahren mussten. Wie sollten wir ihren Aufschrei nicht hören? Niemand kann das, was damals geschah, vergessen oder ignorieren. Niemand kann die Ausmaße dieser Tragödie schmälern«, sagte er im März 2000 in Yad Vashem.

Johannes Paul II. war nicht nur ein polnischer Papst, er war Katholik in jener Diözese, in deren Gebiet das Lager Auschwitz lag, er war ein junger Mann, der in unmittelbarer Nähe zum Vernichtungslager erwachsen wurde, der so nah an dem aufwuchs, was wir als Hölle überhaupt nur verstehen können und für das es »keine Worte gibt, die stark genug wären, um die grauenhafte Tragödie der ›Shoah‹ zu beklagen. Meine eigenen, persönlichen Erinnerungen«, sagte er an diesem Märztag in Jerusalem, »betreffen all die Ereignisse, die sich damals zugetragen haben, als die Nazis Polen während des Krieges okkupierten. Ich erinnere mich an meine jüdischen Freunde und Nachbarn: Manche von ihnen kamen um, andere haben überlebt.«

*

»Ich begreife nicht«, schrieb der Lyriker Tadeusz Różewicz, »daß Lyrik fortbesteht, obwohl der Mensch, der diese Lyrik – als Zeichensprache, die das Unsagbare aussagen soll – ins Leben rief, tot ist. Grund und Antrieb für meine Lyrik ist der Haß gegen Lyrik. Ich rebelliere dagegen, daß sie ›das Ende der Welt‹ überlebt hat.«

Anderthalb Jahre jünger als Karol Wojtyla, schrieb auch Różewicz seine ersten Gedichte in Krakau, die uns, wie ich glaube, durch das proklamierte Ende jeder menschlichen Sinnstiftung hindurch und von diesem her auffordern. Dass nach Auschwitz keine Gedichte mehr möglich und dass sie zugleich nötig waren, lesen wir in diesen Texten so deutlich, und vielleicht deuten sie uns auch an, warum dennoch gerade in Krakau, der Vorstadt der Vernichtung, im Ascheschatten der Krematorien, Gedichte entstanden, die noch immer mit solcher Notwendigkeit zu uns sprechen. In Różewiczs erstem Gedichtband findet sich das Gedicht *Gerettet*, dessen Anfang ich zitiere:

Vierundzwanzig bin ich
gerettet
auf dem weg zum schlachten.

Das sind leere und eindeutige namen:
mensch und tier
liebe und haß
feind und freund
licht und dunkel.

Menschen wie tiere getötet
sah ich:
fuhren zerhackter menschen
ohne erlösung.

Ob es die Erlösung noch geben kann – beantworten Sie sich selbst diese Frage. Różewicz fügt in einem anderen Gedicht hinzu:

ich glaube nicht an die verwandlung von wasser in wein
ich glaube nicht an die vergebung der sünden
ich glaube nicht an die auferstehung der toten.

*

Als »Ereignis ohne Zeugen« hat Maurice Blanchot die Shoah einmal bezeichnet. Von Paul Celan kennen wir die Zeilen aus dem Gedicht *Aschenglorie*: »Niemand / zeugt für den / Zeugen«. Umso erstaunlicher ist, was Johannes Paul II. im Juni 1979 in Auschwitz, bei einer seiner ersten Amtsreisen, sagte: »Christus will, dass ich als Nachfolger des Petrus vor der Welt Zeugnis gebe für das, was die Größe des Menschen unserer Zeit ausmacht – und was sein Elend. Was seine Niederlage und was sein Sieg ist.« Versprach er doch nicht weniger – so jedenfalls lese ich es –, als den universalen Sendungsauftrag Christi an seine Jünger (Mt 28,19) für sich zu wiederholen und auf ebenjenes »Ereignis ohne Zeugen« auszuweiten.

Vielleicht kann Trost erst sein, wenn Trost nicht mehr ist, so wie Vergebung in der paradoxalen Denkfigur Jacques Derridas erst für das Nichtvergebbare gilt, denn das Verzeihliche bedarf nicht des *Pardonner*. Vielleicht mag man jene Zeugenschaft als Anmaßung empfinden, die Zeugenschaft des Oberhaupts der Katholiken an dieser Stätte – ja, auch des Mordes an Katholiken, die sich in ihrem Glauben nicht beugen ließen, aber vor allem der Vernichtung der europäischen Juden. Bei ihnen wurde nicht nach Glauben gefragt, sondern nur nach Abstammung. Keine Konvertierung, keine Abschwörung verhinderte oder milderte ihr Los, das kein Los, sondern Teil eines Vernichtungsplans war. Nicht einmal jenen letzten, dabei wichtigen Moment der Selbstermächtigung, dass ihr Wille, standhaft zu bleiben, sie dem Tod auslieferte, ließ man ihnen. Ihre Sprache war längst stumm, ehe sie tot war.

Und nun also sprach jemand, versprach Zeugnis abzulegen, und es war niemand anderes als das Oberhaupt der Katholiken. Der katholische Antijudaismus hat über Jahrhunderte gewirkt, er ist gewiss nicht alleinige Ursache des nationalsozialistischen Antisemitismus, förderte aber doch seine Akzeptanz. Die Intoleranz gegenüber Andersgläubigen, der oft gewaltsam missinterpretierte Missionsauftrag des Christentums, das *anathema sit*, der Ausschluss aus der Gnade, die Liaison mit weltlicher Macht (entgegen Lk 20,25), die den christlichen Gedanken pervertierte und ihn in Habgier, Selbstsucht, Überlegenheitswahn, in Folterungen, Scheiterhaufen, Kreuzzüge, Inquisition, Missionierungskolonialismus, Massaker und Pogrome verwandelte, sind das entsetzliche Erbe der katholischen Kirche nach zwei Jahrtausenden.

Und trotzdem oder gerade deshalb scheint mir, dass diese Zeugenschaft keine Anmaßung ist, sondern eine tief empfundene, demütige Verpflichtung, sie ist »– vielleicht keine Wahrhcit der Welt, aber deine Wahrheit. So eine Wahrheit hast du gewählt und so hast du die Dinge gesehen.« Und mir scheint, dass es diesem Papst mehr als ein Anliegen unter vielen war, dort, eben dort jenes Versprechen der Zeugenschaft, jenen christlichen Sendungsauftrag zu erneuern.

»Kann sich eigentlich noch jemand wundern«, hat Johannes Paul II. bei seinem Besuch in Auschwitz gefragt, »dass der Papst, der in diesem Land geboren und erzogen wurde, der Papst, der auf den Sitz des hl. Petrus aus jener Diözese kam, in deren Gebiet das Lager Auschwitz liegt, seine erste Enzyklika [...] der Sache des Menschen widmete, der Würde des Menschen, seinen Gefährdungen, schließlich seinen Rechten? Unveräußerlichen Rechten, die so leicht mit Füßen getreten und zunichte gemacht werden können – durch den Menschen!«

※

Denken wir an die Selektionsprozesse der Nazis, die Selektion in den Vernichtungslagern, an der Rampe, der bereits Selektionen vorausgegangen waren, das Aufteilen der Menschen in wertes und unwertes Leben, diese vollkommene Anmaßung des Menschen, welche Botschaft wäre dringender als diese: Es ist nicht an uns, über den Wert oder Unwert eines Lebens zu entscheiden, das ist vielleicht die Kernbotschaft, die wir von Johannes Paul II. immer wieder vermittelt bekommen haben. Auch das alte, das kranke, das schwache, das nonkonforme Leben hat sein vollkommenes Recht. Es ist nicht an uns, es ist an keinem Menschen, über den Wert oder Unwert eines Lebens zu entscheiden.

Doch das Beharren, die Absolutheit in der Sexualmoral, der verengte Blick auf den Körper, insbesondere auf den Körper der Frau, erschwert es mir, der fundamentalen Botschaft Johannes Pauls II. zu folgen. Wer in einer Welt, in der Vergewaltigung als Kriegswaffe eingesetzt wird, das ausnahmslose Verbot von Abtreibungen unhinterfragt lässt, wer meint, in ebendieser Welt, in der Menschen nach wie vor an der Krankheit Aids auf erbärmlichste Weise sterben, meint, das Leben sei zu schützen durch ein Verbot von Kondomen, ist nicht entweltlicht, sondern weltfremd und weltvergessen.

Ein Mensch darf niemals als Mittel, sondern muss immer als Zweck an sich gesehen werden. Mehr als Zynismus trifft es wohl das Wort Unkenntnis: Unkenntnis des weiblichen Körpers und dessen, was Empfängnis jenseits theologischer Metaphern bedeutet. Vom Körper der Frau weiß die Kurie, diese Clique alter Herren, weniger als vom Heiligen Geist, und allen, die mehr davon wissen, verweigert sie nach wie vor die gleichberechtigte Mitsprache. Und es geht nicht nur um Wissen, es geht um Verstehen und Verstehen-wollen. Die Kurie will offensichtlich nicht zu viel verstehen vom Leid, das Frauen widerfahren kann – wie kann sie das mit ihrem tiefsten Inneren, dem Versprechen von Barmherzigkeit verbinden?

Natürlich, der Mensch darf sich nicht aufschwingen zu einem Richter über Leben und Tod. Aber nach der absoluten Logik des »vom Moment der Empfängnis bis zum natürlichen Tod« müssten wir auch Penicillin, Polioimpfungen und Antibiotika ablehnen, ganz zu schweigen von Bypass-Operationen und Chemotherapien, denn ist all das nicht menschlicher Eingriff in den natürlichen Tod? Dadurch würde der Wille, sich nicht in Gottes Werk einzumischen, zu etwas Erbarmungslosem.

Das Leben an sich ist Geschenk wie Zumutung, und was ist höher zu werten, die Würde des Menschen oder sein biologisches Leben? Diese Frage haben wir uns zuletzt so konkret wie lange nicht mehr während der Pandemie stellen müssen, und es gibt, so glaube jedenfalls ich, keine eindeutige Antwort darauf, keine Antwort, die sagt: Dieses, deshalb jenes nicht, oder die sagt: Jenes, deshalb kann es dieses nicht sein.

Das deutsche Grundgesetz entscheidet sich für die Würde des Menschen als Erstgenanntes, diese ist unantastbar, sie gilt diesem Text als sein Unhintergehbares. Denn was wäre ein Leben ohne Würde? Ist es nicht eben das, was die Nazis jenen Menschen zuwiesen, die sie als unwert bezeichneten? Es ging um ihre Vernichtung, aber es ging auch darum, diese Leben als so niedrig zu erachten, dass nicht einmal ihr Tod noch einen Wert hatte, dass es nicht mehr als ein reiner, nackter biologischer Prozess war.

Es ist die Würde des Menschen, die es zu wahren gilt, und es ist Aufgabe der Kirche, Leid nicht zu vermehren. Es ist sogar ihr Fundament, erst auf dieser Grundlage kann sie überhaupt wirken. Dafür muss sie endlich – und sie kann es, wenn sie denn tatsächlich will – von ihrer tief verwurzelten Misogynie ablassen. Ein reiner Männerbund ohne eine Maria hätte niemals das Wunder der Menschwerdung Gottes vollbracht. Gott ist allmächtig, aber ohne Maria wäre selbst er nicht als Mensch geboren worden. Gerne darf die Kurie über die weibliche Fähigkeit des Gebärens staunen, aber sie darf dort nicht verharren und die Frau zu einem biologischen Gefäß degradieren. Jeder Mensch ist ein Wert an sich.

*

Ich möchte ein anderes Stück recht prosaischer Poesie zitieren, allgemein wird so ein Text »Nachricht« genannt, aber es hat für mich doch viel mit Fiktion zu tun, mit dem Wunsch – gerade wollte ich sagen: zu glauben, aber das ist etwas anderes, wenn nicht sein Gegenteil. Es ist der Wunsch, ungenau zu sein und Wesentliches zu übersehen.

»2010 wurde erstmals eine größere Zahl von Missbrauchsfällen in der katholischen Kirche in Deutschland bekannt. Seitdem bemüht sich die Kirche um eine Aufarbeitung der Geschehnisse. Bei ihrer Vollversammlung veröffentlichten die deutschen Bischöfe am 25. September 2018 eine Studie, die die Missbrauchsfälle im Bereich der Deutschen Bischofskonferenz zwischen 1946 und 2014 dokumentiert.«

Nehmen wir zunächst nur die Zahlen. 2010. 2018. 1946. 2014.

2010. Ist tatsächlich erst in diesem Jahr erstmals eine größere Zahl von Missbrauchsfällen bekannt geworden? Eher muss man wohl sagen, 2010 wurde erstmals öffentlich über eine größere Zahl von Missbrauchsfällen gesprochen. Das aber ist etwas anderes. Bekannt waren diese Fälle auch vorher, sie waren Tätern und Opfern bekannt, und es gab Bischöfe und Generalvikare als Mitwisser. Sie waren Nahestehenden, Eltern, Geschwistern bekannt, vielleicht nicht immer bewusst, aber doch offenkundig, und sei es durch den zwanghaften Wunsch wegzusehen, nicht wahrhaben zu wollen. Sie waren, wenn auch nicht im Einzelnen, so doch als dunkler Schatten über dem Glauben, dem ich anhänge, auch mir bekannt. Sie wurden von einigen, wenigen angesprochen, nur braucht es auch jemanden, der hören will.

Solange ich denken kann, oder sagen wir, solange ich halbwegs verstand, was sexueller Missbrauch ist, war er etwas, das der katholischen Kirche vorgeworfen wurde. Und ich war, solange ich denken kann, solange ich diskutieren und meinen Glauben verteidigen kann, damit beschäftigt, das sogenannte Eigentliche des katholischen Glaubens abzugrenzen von dem, was die Kirche zum Teil geworden war, die Fälle von Machtmissbrauch und Gewalt, von Misshandlung im Namen der Fürsorge gegen die Wohltaten zu setzen, die es ja auch gibt, natürlich, auch diese im Namen des Katholizismus. Aber doch, wenn wir ehrlich sind, wissen wir ja, dass wir das nicht gegeneinander rechnen können. Menschen, allzu oft Kinder, sind kaputtgemacht worden, sind ohne eigene Schuld an sich selbst erstickt, und die Frage der Schuld wurde auch noch gegen sie zu einem Instrument erhoben, das sie zum Schweigen bringen sollte. Trost ist da keiner mehr zu finden.

Wenn die Worte nicht helfen, bleiben wir bei den Zahlen. 2010 bis heute. Elf Jahre mögen für eine Kirche, die in Jahrhunderten lebt, nicht viel sein. Für ein Kind von sagen wir sieben oder acht Jahren ist es mehr als das ganze Leben. Wie kommen jene, die Aufarbeitung versprochen haben, zumindest mit einem Lippenbekenntnis, wie kommen sie dazu, so zögerlich zu sein? Wie kommen sie dazu, Ausreden zu finden, Entschuldigungen, Erklärungen, die kaum mehr erklären als die eigene Feigheit und nicht einmal die eigene Scham? Wie kommen sie dazu, der Wahrheit, von der sie doch so viel halten, einen Platz im Abseits zu geben? Wie kommen sie dazu, nicht mutig zu sein?

»Wenn man Gewalt, sexualisierte Gewalt in einer Institution aufklären will, muss man bereit sein, die Last der Stigmatisierung der Institution zu tragen«, sagte Pater Klaus Mertes in einem Fernsehinterview dem WDR, der ehemalige Leiter des Berliner Canisius-Kollegs, der 2010 mit einem Brief an ehemalige Schüler die öffentlichen Diskussionen um den Missbrauch in der deutschen katholischen Kirche angestoßen hatte. Doch es scheint, vielen geht es vor allem darum, die Stigmatisierung von der Institution fernzuhalten. Es hat den Anschein, als wäre einflussreichen Personen in den inneren klerikalen Kreisen daran gelegen, dass die Aufklärung der Missbräuche der letzten sieben Jahrzehnte mindestens ebenso viele Jahrzehnte braucht, bis sie gelingt. Die Jahrhunderte kommen und gehen, das ist die katholische Kirche gewohnt, sie steht mit ihren altehrwürdigen Mauern, dem Renaissanceplatz, dem überwältigenden Domportal, dem azurblauen Himmel unerschütterlich inmitten von Schönheit, und das ist auch ihre Stärke. Das könnte sie zumindest sein.

*

*Ich bin geworden wie ein zerbrochenes Gefäß.
Ich höre das Zischeln der Menge – Grauen
  ringsum.
Sie tun sich gegen mich zusammen;
sie sinnen darauf, mir das Leben zu rauben.
Ich aber, Herr, ich vertraue dir, ich sage: »Du bist
  mein Gott«*
(Ps 31,13-15)

Mit diesem Psalm eröffnete Johannes Paul II. seine Ansprache in Yad Vashem. »Herr, ich vertraue dir.« Wie aber könnten wir der katholischen Kirche noch oder wieder vertrauen? Denn wir brauchen ja Vertrauen, wir brauchen Trost in einer Welt, die allzu oft kein guter Ort ist. Vielleicht muss man mit der großen Mystikerin, Philosophin und Dichterin Simone Weil zwischen einem *katholisch de jure* und *katholisch de facto* unterscheiden. Die Ursünde der Kirche sieht sie im *anathema sit*, in der Möglichkeit des Ausschlusses von Menschen aus ihrer universalen Gnade. So wird die Frage nach Wahrheit, Gefolgschaft und Glauben zur Richtschnur für Wert oder Unwert eines Lebens hin zur Erlösung.

Seit einhundertfünfzig Jahren gilt der Papst als unfehlbar. Nicht unfehlbar hingegen waren jene Männer, die über dieses Dogma entschieden, und so kann man zumindest vermuten, dass sie sich irrten oder schlicht dem Drängen ihres Vorgesetzten nachgaben. Dass sie im Sturm gesellschaftlicher Umbrüche, im Angesicht des Verlustes der kirchlichen Ländereien und ihrer weltlichen Macht sich nicht anders zu helfen wussten, als ihren Papst auf seinen Wunsch hin unfehlbar zu machen. Wer den Anspruch auf die Welt verliert, braucht den Anspruch auf die Wahrheit, oder anders gesagt: Als der Papst noch durch politischen Einfluss seinen Willen durchsetzen konnte, brauchte er solch ein Dogma nicht.

Was aber ist diese Wahrheit? »– vielleicht keine Wahrheit der Welt, aber deine Wahrheit. So eine Wahrheit hast du gewählt und so hast du die Dinge gesehen.«

Vielleicht kann uns hier Poesie helfen, mit ihrer Subjektivität, ihrem inhärenten Zweifel gegen die Verzweiflung, gegen das Beharren, das blind wird, gegen die Wahrheit, die instrumentalisiert wird.

Poesie –
was aber ist Poesie.
Manch wacklige Antwort
ist dieser Frage bereits gefolgt.
Aber ich weiß nicht, ich weiß nicht. Ich halte mich
 daran fest,
wie an einem rettenden Geländer.

So schreibt es die Lyrikerin und Nobelpreisträgerin Wisława Szymborska in ihrem Gedicht *Manche mögen Poesie*. Drei Jahre jünger als Karol Wojtyla, erlebte auch sie das Kriegsende in Krakau, nahe Oświęcim, und der tiefe Glaube, dass die Würde des Lebens zu achten ist, dass das Leben – trotz allem, dennoch – triumphiert, spricht aus ihren Gedichten.

*Es gibt kein Leben,
das nicht wenigstens für einen Augenblick
unsterblich wäre.*

*Der Tod
kommt immer um diesen einen Augenblick zu spät.*

So heißt es in ihrem Gedicht *Vom Tod ohne Übertreibung*. Mit einem tiefen Vertrauen trotz aller Schrecken schreibt sie uns jenes »Tod, wo ist dein Stachel« (1 Kor 15,55) neu, gibt uns Trost, wo kein Trost mehr ist.

Und doch, mit Poesie allein können wir menschliche Verzweiflung nicht lösen, und sagen wir auch: nicht erlösen. Das, was Poesie ganz sicher nicht kann, ist, Religion zu ersetzen. Das *Eritis sicut Deus, scientes bonum et malum*, von dem uns bei unserer Gottähnlichkeit seit Goethes Faust bange werden sollte, hat uns im zwanzigsten Jahrhundert gezeigt, wie die Vergöttlichung einiger weniger Menschen zur Entmenschlichung vieler führte. Und schließlich bleibt die Vergebung als Gottes Gnade und Geschenk, die durch Poesie nicht einholbar ist, aber doch von ihr heraufbeschworen werden kann.

*Ich glaube an die Auferstehung der Wolken
aus den Nebelschwaden*

heißt es in einem der Gedichte von Karol Wojtyla aus dem Jahr 1939. Trost also dennoch, trotz allem, zumindest letzten Endes, zumindest als Latenz am Horizont? Vielleicht war er die ganze Zeit möglich. Denn man hat ja geglaubt, und an etwas glaubt man noch immer oder wieder, allmählich, mühsam, wie ausgerissenes Unkraut, sogenanntes, in Wahrheit ist es Kraut, dessen Nutzen und Schönheit man eine Zeitlang vergaß, vertrocknet und falb, das doch nie in der Wurzel ganz abstarb.

Wisława Szymborska
Manche mögen Poesie

Manche –
das heißt nicht alle.
Nicht einmal die Mehrheit, sondern die Minderheit.
Abgesehen von Schulen, wo man mögen muß,
und von den Dichtern selbst,
gibt's davon etwa zwei pro Tausend.

Mögen –
aber man mag ja auch Nudelsuppe,
mag Komplimente und die Farbe Blau,
mag den alten Schal,
mag auf dem Seinen beharren,
mag Hunde streicheln.

Poesie –
was aber ist Poesie.
Manch wacklige Antwort
ist dieser Frage bereits gefolgt.
Aber ich weiß nicht, ich weiß nicht. Ich halte mich
    daran fest,
wie an einem rettenden Geländer.

In GOD we trust

Donald Trump werde ich immer mit den Rosen im Garten Bāgh-e Eram von Shiraz verbinden, die an einem Gewächshaus in die Höhe wuchsen, ein Zweig ragte über den Weg, wir wichen ihm aus, und es lag eine majestätische Ruhe über diesem Ort, nur ein paar Vögel waren zu hören. Eine Schulklasse in violetten Uniformen, neun- oder zehnjährige Mädchen, hatten wir am Eingang getroffen, aber sie waren in dem Garten nicht mehr zu vernehmen, es war, als schlüge die Stille einfach über uns zusammen und entließe uns erst am Ausgang wieder in die Normalität aus klappernden überalterten Automotoren.

Der Palast und die wie Arkaden den Himmel stützenden Palmen spiegelten sich im Bassin, in dem ein Gärtner herumfischte, und Donald Trump wird für mich nie aus diesem mitten in die Innenstadt einer südiranischen Stadt geratenen Paradies verschwinden. Schon die über das Blech der Fensterbank klackernde Taube, die mich geweckt hatte, war wie die monotone Hintergrundmusik an diesem Morgen, an dem ich die vorläufigen Ergebnisse der US-Präsidentschaftswahl von 2016 wieder und wieder aktualisierte, um den Fehler in der Darstellung zu berichtigen, das sich aus der Mitte des Landes über immer mehr Bundesstaaten breitende Rot auszuwechseln, aber nur vor dem Fenster änderten sich die Farben. Ich sah hinter dem unbeirrt auf und ab trappelnden Vogel das violett aus der Dämmerung sich hebende Meer, das, als die Sonne etwas stärker schien, sich zu einer Wüste wandelte, die in den Berghang hineinlief und sich kilometerweit zwischen Shiraz und Persepolis erstreckte, bis zu jenem gigantischen Grab des Königs Kyros II., an dem der Schah vor fünfzig Jahren die 2500-jährige Geschichte der persischen Monarchie gefeiert hatte, mit 600 Ehrengästen, mit den Mächtigsten der Welt oder ihren Stellvertretern, mit Paraden und Kronleuchtern, mit Zelten und Lichtinstallationen, mit Kamelen und Häppchen von *Maxim's*. Es war eine der teuersten Partys der jüngsten Geschichte gewesen, aber an diesem Vormittag im November 2016 schien es möglich, dass sie bald von noch größerem, noch lauterem Pomp in den Schatten gestellt werden könnte.

Wir ruhten uns auf einer Bank unweit des Gartens aus, weniger vom Spazierengehen erschöpft als von den Ereignissen auf der anderen Seite des Globus, wo ein Mann mit einer Mischung aus protzigem Reichtum und Blue-Collar-Aufstand, aus evangelikalem Glauben und einem Gott, der vor allem noch für die Währung herhielt, aus Wrestling-Rhetorik und schrankenlosen Größenfantasien den Wahlkampf für sich entschieden hatte – und wie weitreichend dieser Umsturz sich auch ausnehmen würde, für uns war es, als kippe die Welt aus ihrer Schieflage nun entschieden in die falsche Richtung. Wir gehörten ja zu ebenjenen liberalen Kosmopoliten, die sich so gut als Feindbild von Trumps Anhängern eigneten, die Freunde in

Teheran, New York und Paris hatten, aber nicht in den Kleinstädten fünfzig Kilometer außerhalb der Metropolen, und wir waren uns in unserer Deutungshoheit über die Gegenwart wohl einfach zu sicher gewesen.

Ein junger Iraner, der auf dem Weg zur Uni oder Schule bei uns Halt gemacht hatte, sang uns ein Ständchen, schön und klar, und die Wehmut des Liedes hob sich immer wieder auf in etwas Leichtes, Schwebendes, wir gratulierten ihm zu seinem Talent, auch wenn es uns nicht aus unserer Melancholie holte, die uns seit dem Morgen im Griff hatte. Woher wir kämen, wollte er wissen, und wir wussten es selbst nicht mehr so genau, wir wussten noch weniger, ob wir dahin zurückwollten, denn die westliche Welt schien uns an diesem Tag nicht besser als das, wovor der Revolutionsführer und die iranische Presse, die Sittenwächter und Garden seit fast vierzig Jahren warnten, seit der iranischen Revolution im Frühjahr 1979, die noch Foucault bejubelt hatte als eine Umwälzung, die tatsächlich von unten gekommen sei, aber wieder ging sie von den Oberen gelenkt weiter.

Das Ziel jeder Revolution ist es, menschlich nicht vor die Hunde zu gehen, das Ergebnis der meisten Revolutionen ist nur leider das Gegenteil, und als der junge Mann schließlich verstand, dass wir Deutsche waren, begann er von den starken Männern zu schwärmen, die wir als Politiker hätten, Hitler zum Beispiel, der habe gemacht, was er für richtig halte, und der Junge lächelte höflich, während wir ihm entsetzt widersprachen.

Als er seinen Weg fortsetzte, sahen wir ihm schweigend nach, und jeder von uns wünschte sich wohl, ihn nicht getroffen zu haben, ausschließlich unter den jungen Leuten zu bleiben, die wir aus dem Leben jenseits der Straße kannten, von Kunstausstellungen oder Lesungen. Hinter den Mauern war Iran ein anderes Land, dort rezitierte man Gedichte von Forugh Farrochsād, und ein Künstlerpaar erklärte uns, wie es die Zensur umging. Es zeigte uns Abgüsse von Füßen, die sich in eindeutiger Pose aneinanderdrängten, und auch, wenn die Körper oberhalb der Knöchel eine Leerstelle bildeten, war offensichtlich, was sie gerade taten und dass sie nackt waren. Wir teilten uns die zierlichen Bahman-Zigaretten, tranken in schicken Cafés im Teheraner Zentrum Tee, in dem Rosenblätter schwammen, die jungen Männer an den Nebentischen tippten versunken auf ihren Laptops, ihre Bärte erinnerten eher an Neuköllner Hipster als an Mullahs aus Ghom, und vermutlich hatten sie alle VPN-Verbindungen auf ihren MacBooks, mit denen sie die iranische Internetzensur umgingen, etwas auf Facebook posteten, das es in Iran offiziell nicht gab, obwohl sogar der Revolutionsführer, wurde mir erzählt, dort mit einem Profil präsent war.

Vor meiner Ankunft hatte ich mir das Land wie unter Kopftüchern verborgen vorgestellt, verklemmt oder gleich vor lauter Frömmigkeit frigide, darunterliegend, aber tief verdrängt, Erinnerungen an westliche Freizügigkeiten während der Schah-Zeit, und ein paar Klischees persischer Sinnlichkeit, die heute von den Mullahs rigide weggebetet werden. Abgesehen davon, dass der westlichere Lebensstil unter dem Schah nicht gerade Freiheit bedeutet hatte und für Regierungskritiker meist im Gefängnis endete, erlebte ich die jungen Leute, die mir begegneten, äußerst versiert darin, die äußeren Anstandsregeln zu unterwandern, Blicke wurden durch Autoscheiben geworfen, Telefonnummern eilig zugesteckt, der Rest spielte sich über Telegram ab. Man lebte mit all diesen Dingen, die es eigentlich nicht gab: Facebook aus den USA, Heroin aus Afghanistan, James Blunts Stimme in einer Bar im armenischen Viertel, deren Betreiber gute Kontakte zum Regime haben mussten, so offen und selbstverständlich, wie dort das Verbot westlicher Popmusik umgangen wurde, Telefonnummern für die Freihauslieferungen von Alkohol und Musiksender aus Osteuropa, die man über die Satellitenschüsseln empfing. Sie wucherten auf den Dächern, bis die Revolutionsgarden sie in einer Art Razzia über Nacht alle abmontierten, aber so lange rekelten sich Frauen im Bikini auf dem Bildschirm, und wenn zwei vollständig nackte Menschen übereinander herfielen, wurde kommentarlos umgeschaltet. Darf's noch ein Stück Kuchen sein?

Die Lieferung der Plastikflaschen mit Selbstgebranntem oder Wein dauerte in Teheran im Schnitt 17 Minuten, was bei dem immensen Verkehrsaufkommen und anhaltenden Stau auf den Stadtautobahnen an ein Wunder grenzte, auf dem Bazar fand man Hello-Kitty-Schlafanzüge, das Haar der Modepuppe von keinem Kopftuch bedeckt, die Augenlider lasziv grün geschminkt, und einen Stand weiter trugen ihre Plastikschwestern gar nichts mehr außer einem schmalen weißen BH, made in China. Wo aber die rote Linie verlief, konnte mir niemand so recht sagen. »Unter Achmadinedschad hatten wir weniger Freiheiten«, sagte mir eine Bekannte. »Aber wir wussten, dass wir sie nicht haben. Jetzt, unter Rohani, verschiebt sich die rote Linie jeden Tag.«

Präsident Rohani und die Reformer um ihn wurden in diesen Tagen in den Zeitungen mit neuem Elan verurteilt, Verräter oder Naivlinge, die sich auf einen Deal mit dem Teufel eingelassen hatten, womit das Atomabkommen gemeint war, das Stolz und Stärke des Landes Grenzen setzte, und die Hardliner triumphierten, sie hatten es ja vorausgesagt, dass, wer mit den USA, also dem Teufel paktierte, am Ende vor allem seinen Schwefel abbekam. Diese Meinung teilten sie im Übrigen mit Trump, auch wenn jeder den Schwefel aus einer anderen Richtung zu riechen meinte.

Den Hardlinern waren die iranischen Zugeständnisse im Atomabkommen ohnehin ein Dorn im Auge, und so dürften sie wohl bereits am Tag nach Trumps Wahl zum US-Präsidenten ihre Chance gewittert haben, dass alles wieder ins Rutschen geriete. Heute wissen wir, dass Trump ihnen den Gefallen tat und am 8. Mai 2018 den Rückzug der USA aus dem Abkommen verkündete. Die Fliehkräfte des instabilen Vertrags führten Anfang 2020 wiederum zum Rückzug Irans aus dem Abkommen, und die EU-3, Frankreich, Großbritannien und Deutschland, dürften sich wie das Tau beim Tauziehen gefühlt haben, an dem von beiden Seiten bis zum Zerreißen gezogen wird. Der Schwefel wurde mehr und mehr.

In den Innenstädten hing er als Abgas des schlecht raffinierten Benzins in der Luft, verbrannt von Autos ohne Katalysatoren, auch dies ein Nebeneffekt der Sanktionen. Die Menschen in Teheran gingen mit Mundschutz gegen den Smog durch die Straße, die Berge, die sich am nördlichen Stadtrand in die Höhe zogen, waren hinter Dunst verborgen, und die Smogwarnung der Smartphone-Apps war meist tiefrot, Kleinkinder und alte Menschen, hieß es, könnten dieser Luft leicht zum Opfer fallen. Wie so oft trafen die Sanktionen nicht zuerst die Machthaber, die in ihren Villen am Berghang lebten, wo die Luft etwas klarer war, sondern die normale Bevölkerung, und je ärmer, je schwächer, desto stärker waren die Auswirkungen.

Benzin mag uns wie ein kaum noch zeitgemäßer fossiler Brennstoff vorkommen, den man ohnehin besser heute als morgen ersetzt. Aber es ist kein Zufall, dass er auch in Frankreich zum neuralgischen Punkt wurde und die Proteste der Gelbwesten begannen, weil der Preis jenes Treibstoffs stieg, der ihnen ihren Bewegungsradius sicherte. In Aufständen und Revolutionen geht es um Ressourcen, letztlich um verfügbare Energie. 1789 war es das Brot gewesen, zu Beginn des einundzwanzigsten Jahrhunderts ist es Benzin.

Auf der Fahrt von Shiraz nach Isfahan legten wir einen Stopp ein im legendären Persepolis, wo der Schah acht Jahre vor der Revolution noch einmal seine Macht, die Größe der persischen Monarchie in glänzendem Überschwang gezeigt hatte, so als bereite er sich schon auf den Niedergang vor, als wolle auch er, wenn schon, dann an dem Prunk zugrunde gehen, der jeder standesgemäßen Revolution vorausgeht. Und auch wenn nicht jeder Prunk, der im zynischen Gegensatz zur durchschnittlichen Armut der Bevölkerung steht, zu einer Revolution führt, zu einem Umsturz, sondern oft die Menschen sich nur immer tiefer in die Selbstverständlichkeit des Elends hineinfressen lässt, so erinnert man sich doch an die Revolutionen am besten, in denen der Prunk übermenschlich wurde, wie am Hofe Marie-Antoinettes und Louis' XVI. Wir standen in der drückenden Hitze, von der Wucht der antiken Stätten überwältigt, aus denen die Zeltstadt längst wieder verschwunden war, und während der Schah seine Monarchie noch mit einem gewaltigen Festakt feierte, dachte der islamische Gelehrte Ayatollah Khomeini in seinem Exil in einer grauen französischen Kleinstadt über ein gottgefälliges Leben nach und über seine Rückkehr nach Iran, die so viel unscheinbarer und doch ähnlich folgenschwer wie der Zusammenbruch der Sowjetunion zehn Jahre später sein würde, *but I never promised you a rose garden.*

Voller Stolz für die uralte Zivilisation erklärte unser Fremdenführer uns die Zeichnungen auf den Reliefs, auf denen schon vor Jahrtausenden Delegationen aus der ganzen Weite des persischen Imperiums dem König Geschenke dargereicht hatten, und was war dagegen schon jener Festakt im Herbst 1971 gewesen, zu dem die Mächtigen nur aus protokollarischer Höflichkeit und zum Feiern gekommen waren, vom belgischen König Baudouin bis zum zairischen Präsidenten Mobutu, der sein Land mit ähnlich brutaler Hand wie einst die belgische Krone führte, von Tito bis Ceaușescu, von Prinz Philip bis Léopold Senghor waren sie alle hierhergereist, die Weltmacht verdichtete sich auf einem Fleck in der Wüste, für die Bundesrepublik nahm Kai-Uwe von Hassel teil, dessen Vater einst als Hauptmann der deutschen Schutztruppen in Deutsch-Ostafrika den Maji-Maji-Aufstand mit Maschinengewehren hatte niederschießen lassen, und nun feierten sie alle zusammen unter den Kronleuchtern bei Foie Gras aus der Pariser Edelgastronomie, irgendwann wird Lynn Anderson aus einem Kofferradio in einem der Zelte ihren *Rose Garden* mitten in die Wüste hineingesungen haben.

Statt an einer Oase mit Rosen und Palmen hielten wir fünfzig Kilometer hinter Persepolis an einer Tankstelle im Nirgendwo, kauften Tee und ein paar getrocknete Aprikosen, diese Verlassenheit hätte ebenso gut im Midwest liegen können, und nicht nur der in seinem Containerladen allein in der Hitze vor sich hin dösende Tankwart erinnerte mich an die USA, auch die Hochstraßen der Großstädte mit ihren grünen Richtungsschildern und die Fast-Food-Imbisse, in denen man mit Ketchuptütchen eingedeckt wurde, den man auf alles draufquetschte, Fleisch und Pizza und Brot. Hätten Rohani und Trump sich nur ein einziges Mal zu einer solchen mit Ketchup übergossenen Pizza getroffen, hätten sie begriffen, wie nah sich ihre Länder in manchem waren.

Und dann sah ich es wieder. Ein Auge, wimpernlos. Größer als auf der Dollarnote, riesig, ins Gewaltige gesteigert, aber unverwechselbar in seinem Dreieck und Strahlenkranz. *In GOD we trust* stand drum herum gesprayt auf dem ansonsten mit persischer Schrift überzogenen Fensterglas. Das Regime überwachte mit unzähligen Augen, es blickte unter dem dunklen Tschador an der Ampel hervor, aus den Aschura-Prozessionszügen, auf die Umkleiden der Geschäfte, die mit religiöser Musik beschallt wurden, und über die Zäune der Revolutionsgarden, es ließ Menschen verschwinden, es hielt, ebenso wie die USA, noch immer an der Todesstrafe fest. Aber dieses Auge, das Auge Gottes und der Freimaurer, hatte es von der US-amerikanischen Währung auf die Heckscheibe eines iranischen Busses geschafft, der des Gottvertrauens mindestens ebenso bedürftig war wie der Wechselkurs des Rial an der Wall Street.

Die Straßen in Teheran waren weit und dennoch zu eng für all den Verkehr. Seit der Revolution war die Stadt von vier auf fast zwanzig Millionen Einwohner angewachsen, wegen der Landflucht, des Iran-Irak-Krieges, wegen vieler anderer kleinerer Gründe, ohne Auto kam man hier kaum noch voran, mit Auto allerdings erst recht nicht, und zwischen wenigen SUVs fuhren Automodelle aus fünf Jahrzehnten schlotternd vorbei, einige hatten ihr Verfallsdatum längst überschritten. Manches Taxi schien nur noch von der Plastikplane zusammengehalten zu werden, die über die Sitze gezurrt war. Ein alter Kleinwagen hatte das Mobiliar einer ganzen Wohnung auf seinem Dach fixiert. Dunkle Fahnen wehten am Fahrbahnrand, und von einer Hauswand lächelten der Revolutionsführer Khomeini und sein Nachfolger Khamenei.

Einige Straßen weiter fielen Bomben aus einer amerikanischen Flagge, es war eines der antiamerikanischen Graffiti, die so gerne zur Bebilderung von Artikeln über den Iran verwendet wurden. Besonders beliebt war die Freiheitsstatue mit Totenkopfgesicht an der Mauer der ehemaligen amerikanischen Botschaft. Kaum ein Teheraner interessierte sich noch für diese alte Propaganda, aber die westlichen Touristen schossen Fotos, als könnten sie an dieser Wand entlang das Land begreifen.

Die US-Botschaft war im November 1979, nicht ganz ein Jahr nach der Revolution, von Studierenden gestürmt worden, erbost darüber, dass der Schah so einfach in die Vereinigten Staaten einreisen durfte, um dort in einer Klinik behandelt zu werden. Die Diplomaten wurden als Geiseln genommen, und als auch Khomeini nicht dagegen intervenierte, war der radikale Bruch mit den USA besiegelt. Es liegen noch die Wrackteile jenes Helikopters im Garten, mit dem Jimmy Carter erfolglos versucht hatte, die Geiseln befreien zu lassen, Relikte der Niederlage des großen Satans, wie die Vereinigten Staaten in der Regimerhetorik genannt werden.

Heute strahlt die Botschaft jenen stummen Gedenkcharakter aus, den man häufiger an Orten findet, über die plötzliche Ereignissen hereingebrochen sind, Ereignisse, die bald darauf historisch genannt werden:

Die leere Cola-Dose im gesperrten, niemals abgerissenen Flughafen von Nikosia zwischen dem hereingewehten Laub, einem Flughafen in der gesperrten Zone, die die Insel seit den Siebzigerjahren zerschneidet.

Die Gardinen, die seit dreißig Jahren in einem kleinen Dorf bei Leipzig vergilben, die Tür steht noch offen, weil man in den Jahrzehnten des Sozialismus nie daran gedacht hat, Haustüren mit Schlössern zu versperren.

Der Präsidentenpalast in Kigali, der seit dem Flugzeugabsturz im Frühjahr 1994 ein Museum gestürzter Macht und aus der Mode gekommener Teppich-Auslegware ist.

Die US-Botschaft in Teheran, deren Inneres nun von den Revolutionsgarden genutzt wird, aber doch stehengeblieben scheint auf der Schwelle zu den Achtzigerjahren, eher davon lebend, was man von dort vertrieben hatte, als davon, was nun vor sich geht.

Geisterstätten sind sie allesamt, und doch so anders als jene Grabstätte, an der vor fünfzig Jahren Schah Mohammad Reza die 2500-jährige Geschichte des persischen Reichs und seine Monarchie gefeiert hatte. Den Volksaufstand, der im Februar 1979 das Land umwälzen würde, hatte wohl auch der Schah vorbereitet mit seiner dekadenten Reichtumsdemonstration, die im allzu krassen Widerspruch zur Lebensrealität der Bevölkerung stand.

Aber auch Gott hatte nicht geholfen gegen Ungleichheit und Armut, auch er machte die neuen Machthaber nicht immun gegen die Schönheit von Edelsteinen, Gold und kitschigem Prunk, wie ich noch allzu deutlich sehen würde. Dicht drängten sich die Fahrgäste in der U-Bahn um mich, ich atmete Männerschweiß. Ein Händler hielt mir ein Bündel Socken entgegen, ich schüttelte den Kopf, er hangelte sich unter einem Gitter hindurch zum nur für Frauen reservierten Abteil. Mit jeder Station wurden die Gesichter um mich harscher, wurde die Kleidung ärmlicher. Der reiche Norden Teherans stand im schroffen Gegensatz zum Süden, wo jene wohnten, die ihren Geldsorgen oftmals mit besonders ausgeprägter Religiosität begegneten und doch von kaum etwas in der Islamischen Republik profitierten.

An einer der letzten Stationen stieg ich aus. Aus dem Springbrunnen vor der Metrostation sprudelte rötliches Wasser, es sollte an das Blut erinnern, das von den Märtyrern im Iran-Irak-Krieg vergossen worden war. Hinter dem Springbrunnen lag der größte Friedhof Teherans, Behesht-e Zahra, das Paradies der Zahra, wo einst Khomeini seine Rückkehr vor einem Meer von Menschen gefeiert hatte. Stilisierte Metalltulpen wuchsen hier in die Höhe. Kleinbusse fuhren die Besucher zu den Grabreihen des über fünf Quadratkilometer großen Areals. Von Plakaten herab grüßten mich Kindergesichter, die für die Islamische Republik vorzeitig Richtung Paradies aufgebrochen waren. Ob sie tatsächlich dort angekommen waren oder doch nur bis zu einem explodierenden Minenfeld, blieb Glaubenssache. In kleinen Metallkästen über den Grabplatten wurden die letzten Habseligkeiten aufbewahrt, ein Koran, ein Foto, eine Kette. Verwandte wuschen die Gräber mit Rosenwasser, sie brachten Essen, das sie nach der Reinigung neben den Steinen sitzend verzehrten und an Passanten verteilten. Aus einer Box, die auf das Dach eines klapprigen Kleinwagens geschnürt war, schallte laute wehklagende Musik. Die Toten hielten das Land zusammen, wenn es den Lebenden schon nicht so gut gelang.

Ich ließ die Grabreihen hinter mir, spazierte an dem roten Springbrunnen vorbei, auf einen gigantomanischen Bau mit vergoldeten Türmen und Kuppel zu: das Khomeini-Mausoleum. Seine Ästhetik erinnerte mich an einen Moscheewecker aus Plastik, wie man ihn in einem Neuköllner Ramschladen erwarten würde. Doch das Gold war echt, und vermutlich waren auch die glitzernden Preziosen, die im Inneren die Decke verzierten, kein Strass, sondern echte Edelsteine. Der Bau des Mausoleums hatte angeblich zwei Milliarden Dollar gekostet, dafür immerhin hatte der Staat Geld, während die Händler in den

Waggons weiter ums wirtschaftliche Überleben kämpften mit Haarbürsten, Malbüchern, Modeschmuck.

Direkt neben dem Mausoleum lag ein funktionalistisches Einkaufszentrum, kleine Läden, Schnellrestaurants und, offensichtlich als Herzstück dieser Pilgerstätte, zwei Mehrfachsteckerleisten, die auf einem Sims lagen und an denen die Besucher ihre Smartphones aufluden, um noch mehr Fotos vom Prunkbau nebenan zu schießen. Ich kaufte mir einen Tee, setzte mich auf eine Bank vor der halbfertigen Mall und rührte mit dem Kandisstab in der heißen Flüssigkeit.

Während ich an meinem Tee nippte, betrachtete ich ein Mädchen, das einige Meter vor mir Seil sprang, völlig unbeeindruckt von der Größe der Trauer und des Gedenkens ringsum. Als es meinen Blick bemerkte, legte es den Kopf schräg, kicherte und eilte, das Seil um sich drehend, seiner Mutter nach Richtung U-Bahn, und ich dachte an die Taube auf meinem Fenstersims am Morgen des 9. November, an Marie-Antoinette, und was war nach Gottes Willen schon das Zentrum der Welt, wenn nicht die Perle über Marie-Antoinettes linkem Schulterblatt, dazu der schmächtige Dauphin, der ihr keine Schwangerschaft angedeihen lassen konnte über die ersten Jahre, so wie Soraya, die zweite Ehefrau des Schahs, unempfänglich blieb und schließlich nach Paris ausgewechselt wurde, damit der Schah nicht ohne männliche Nachkommen bliebe. 2500 Jahre monarchistische Geschichte sollten nicht zu Ende gehen wegen dieser einen Frau. »J'ai oublié le shah«, verriet sie der Illustrierten *Point de Vue* schon im Sommer nach ihrer Ankunft, und blieb doch fremd im Pariser Jetset, ausgeschlossen von der Feier weit entfernt in der Wüste und zunehmend zurückgezogen von der Gesellschaft. Vielleicht ist sie an einem verregneten Nachmittag in den Siebzigerjahren im Jardin du Luxembourg Ayatollah Khomeini begegnet, sie aufrecht flanierend trotz gedrückter Stimmung, er wich einem Zweig aus, der über den Weg wucherte, kurz trafen sich ihre Blicke, und sie gingen weiter, ohne dass sie einander erkannt hätten.

I beg your pardon,
I never promised you a rose garden.
Along with the sunshine,
there's gonna be a little rain sometime.

Anmerkungen

Menschenrechte für rechte Menschen

S. 9 »Direitos Humanos são para humanos direitos.« Auf: https://www.brasil247.com/brasil/general-heleno-direitos-humanos-apenas-para-quem-se-comportar-bem, zuletzt aufgerufen am 13. April 2021.

S. 12 »Die Geschichte lehrt, aber sie hat keine Schüler.« Antonio Gramsci: *Philosophie der Praxis: eine Auswahl*, herausgegeben und aus dem Italienischen übersetzt von Christian Riechers. Mit einem Vorwort von Wolfgang Abendroth, Frankfurt am Main: S. Fischer 1967, S. 101.

S. 14 »Die Menschenrechte, zum Beispiel, ein Organisationsprinzip ...« Toni Morrison: *Im Dunkeln spielen. Weiße Kultur und literarische Imagination*, aus dem Englischen übersetzt von Helga Pfetsch und Barbara von Bechtolsheim, Hamburg: Rowohlt 1994, S. 65.

Was sind schon fünfundzwanzig Jahre?

S. 17 »Dans ces pays-là, un génocide n'est pas trop important«. Vgl. Boubacar Boris Diop: *La France au banc des accusés. »Dans ces pays-là, un génocide n'est pas trop important«*, in: *Courrier international* (4. April 2008), auf: https://www.courrierinternational.com/article/2004/04/08/dans-ces-pays-la-un-genocide-n-est-pas-trop-important, zuletzt aufgerufen am 13. April 2021.

S. 17 »Existieren in einem Zustand anhaltenden Gedenkens«. Vgl. https://www.newtimes.co.rw/news/kwibuka25-president-paul-kagames-full-address, zuletzt aufgerufen am 13. April 2021.

Gerechtigkeit für die Welt

S. 27 »Ich hoffe, dass Sie mich jetzt besser kennen.« Vgl. https://www.icc-cpi.int/Transcripts/CR2018_04845.PDF, S. 62, zuletzt aufgerufen am 16. April 2021.

S. 27 … Ntagananda, der erste wirklich gewichtige Strippenzieher … Inwieweit etwa Thomas Lubanga als zentrale Figur in der Konfliktregion zu sehen ist, wird unterschiedlich bewertet. Vgl. Ronen Steinke: »*Lubanga ist nur ein ganz kleiner Fisch*«, in: *Süddeutsche Zeitung* (14. März 2012), auf: https://www.sueddeutsche.de/politik/urteil-gegen-kongolesischen-kriegsverbrecher-lubanga-ist-nur-ein-ganz-kleiner-fisch-1.1308490, zuletzt aufgerufen am 13. April 2021.

S. 32 »Sie finden vor sich die Zeugenkarte …« Vgl. https://www.icc-cpi.int/Transcripts/CR2019_04382.PDF, S. 3, zuletzt aufgerufen am 13. April 2021.

S. 34 »Wenn du dich weigertest zu tun …« Vgl. https://www.icc-cpi.int/Transcripts/CR2019_07662.PDF, S. 18, zuletzt aufgerufen am 16. April 2021.

S. 35 »Es gibt einen Vorgang, der mich zutiefst beunruhigt …« Christoph Flügge im Interview mit Stephan Willeke: »*Ich bin zutiefst beunruhigt*«, in: *Die Zeit* (23. Januar 2019), auf: https://www.zeit.de/2019/05/christoph-fluegge-internationaler-strafrichter-unabhaengigkeit-justiz, zuletzt aufgerufen am 14. April 2021.

S. 37 »in dem Moment kollabiert …« Jonathan Littell im Interview mit Felix Stephan: »*Oft muss sich ein Land entscheiden: Gerechtigkeit oder Frieden*«, in: *Die Zeit* (25. April 2017), auf: https://www.zeit.de/kultur/film/2016-11/jonathan-littell-wrong-elements-uganda-kony-interview/komplettansicht, zuletzt aufgerufen am 14. April 2021.

S. 39 »Wir setzen die Anhörung …« Vgl. https://www.icc-cpi.int/Transcripts/CR2019_04382.PDF, S. 40.

S. 40 »Während der Kolonialherr …« Frantz Fanon: *Die Verdammten dieser Erde*, aus dem Französischen übersetzt von Traugott König, Berlin: Suhrkamp 2018, S. 45.

S. 41 »Wir haben gesehen, wie unser Land …« Auf: https://www.versobooks.com/blogs/2437-patrice-lumumba-s-speech-ludo-de-witte-revisits-the-birth-of-the-republic-of-congo-30th-june-1960, zuletzt aufgerufen am 14. April 2021.

Vier Versuche über das Böse

S. 48 »Vor Gott ein Spiel zu treiben ...« Romano Guardini: *Vom Geist der Liturgie*, herausgegeben von Franz Henrich, Freiburg: Herder 1953 (urspr. 1918), S. 57.

S. 49 »Do I really look like a guy with a plan?« Vgl. https://www.youtube.com/watch?v=ylwMWpbv5Fk, zuletzt aufgerufen am 14. April 2021.

S. 52 »Ich habe deinesgleichen nie gehasst.« Johann Wolfgang Goethe: *Faust I*, Berlin: Insel 2016, S. 21.

S. 52 »Ein guter Mensch in seinem dunklen Drange ...« Goethe: *Faust I*, S. 20.

S. 54 »Kaum ein Erpresser und Entführer ...« Jan Philipp Reemtsma: *Gewalt als attraktive Lebensform betrachtet*, in: *Helden und andere Probleme: Essays*, Göttingen: Wallstein 2020, S. 150.

S. 55 »Wir wissen, dass in dieser Welt ...« Vgl. https://www.reaganlibrary.gov/archives/speech/remarks-annual-convention-national-association-evangelicals-orlando-fl, zuletzt aufgerufen am 14. April 2021.

S. 58 »Staaten wie diese ...« Vgl. *Selected Speeches of President George W. Bush 2001-2008*, auf: https://georgewbush-whitehouse.archives.gov/infocus/bushrecord/documents/Selected_Speeches_George_W_Bush.pdf, S. 106, zuletzt aufgerufen am 14. April 2021.

S. 58 »müsse aufhören, Solitär zu spielen ...« Vgl. Madeleine Albright: *Foreign policy good vs evil does not work*, in: *Financial Times* (23. März 2006), auf: https://www.ft.com/content/4da31aee-baa1-11da-980d-0000779e2340, zuletzt aufgerufen am 14. April 2021.

S. 60 »Eritis sicut Deus, scientes bonum et malum.« Goethe: *Faust I*, S. 78.

S. 62 »Unrecht und Gewalt unfreiwillig sakralisiert werden.« Carolin Emcke: *Weil es sagbar ist: Über Zeugenschaft und Gerechtigkeit*, Frankfurt am Main: S. Fischer 2013, S. 21.

S. 68 »Nichts, muss ich sagen«. Matthias Geyer: *Der Buchhalter von Auschwitz*, in: *Der Spiegel* (8. Mai 2005), auf: https://www.spiegel.de/spiegel/print/d-40325395.html, zuletzt aufgerufen am 14. April 2021.

Erzählung vom wüsten Land

S. 93 *The nymphs are departed ...* T.S. Eliot: *The Waste Land / Das wüste Land,* in: Ders.: *Gesammelte Gedichte. 1909-1962,* englisch und deutsch, herausgegeben und mit einem Nachwort von Eva Hesse, Frankfurt am Main: Suhrkamp 1988, S. 96.

S. 97 *Madame Sosostris, famous clairvoyante ...* Eliot: *The Waste Land,* S. 86.

S. 98 »Shantih shantih shantih«. Eliot: *The Waste Land,* S. 114.

S. 100 *Phlebas the Phoenician ...* Eliot: *The Waste Land,* S. 106.

S. 103 »Fear death by water« Eliot: *The Waste Land,* S. 86.

S. 103 »Fürchten Sie den Tod durch Wasser«. T. S. Eliot: *Das öde Land,* englisch und deutsch, übertragen und mit einem Nachwort versehen von Norbert Hummelt, Frankfurt am Main: Suhrkamp 2008, S. 11.

S. 103 »den nassen Tod«. Eliot: *The Waste Land,* S. 87.

S. 103 *What is that sound high in the air ...* Eliot: *The Waste Land,* S. 110.

S. 107 *I sat upon the shore ...* Eliot: *The Waste Land,* S. 114.

Die zerlöcherte Region

S. 130 »diese gegend sieht uns ähnlich ...« Róža Domašcyna: *Im brennglas,* auf: https://www.lyrikline.org/de/gedichte/im-brennglas-13934, zuletzt aufgerufen am 14. April 2021.

Die Sehnsucht nach dem Anderen

S. 147 »Der erste Schritt zur Demut ist Gehorsam ohne Zögern«. Vgl. http://benediktiner.benediktiner.de//index.php/die-geistliche-kunst-2/der-gehorsam/296-regula-benedicti-kapitel-5.html, zuletzt aufgerufen am 14. April 2021.

S. 148 »Vor allem bei der Aufnahme von Armen und Fremden ...« Vgl. http://benediktiner.benediktiner.de//index.php/beziehungen-des-klosters-nach-aussen-2/aufnahme-der-gaeste/345-regula-benedicti-kapitel-53.html, zuletzt aufgerufen am 14. April 2021.

S. 149 »Dieweil die Liebe wächst und blüht ...« Mechthild von Magdeburg: *Das fließende Licht der Gottheit,* ausgewählt und übertragen von Sigmund Simon, Berlin: Oesterheld & Co, 1907, S. 242, auf: http://anthroposophie.byu.edu/mystik/mechthild.pdf, zuletzt aufgerufen am 15. April 2021.

S. 153 »Plötzensee, der Widerstand ...« Gemma Hinricher: *Geistliches Leben im Dienst der Versöhnung*, auf: https://www.karmel-berlin.de/download.html?f=sr_gemma%2Fgemma_dienst.pdf, S. 8, zuletzt aufgerufen am 15. April 2021.

Vom Trost der Wolken

S. 155 »*Weil ich glaube an die Sehnsüchte der Menschheit ...*« Karol Wojtyla: *Die Jugendgedichte des Papstes*, Graz: Styria 2000, S. 42.

S. 156 »Geschaffen in Schmerz und Angst«. Wojtyla: *Die Jugendgedichte des Papstes*, S. 47.

S. 157 »Se mi sbaglio, mi corrigerete«. Auf: https://video.lastampa.it/cronaca/16-ottobre-1978-l-elezione-di-papa-giovanni-paolo-ii-se-mi-sbaglio-mi-corrigerete/14379/14377, zuletzt aufgerufen am 15. April 2021.

S. 158 »Männer, Frauen und Kinder schreien ...« Vgl. *Verlautbarungen des Apostolischen Stuhls 145: Jubiläumspilgerreise zu den heiligen Stätten*, auf: https://www.dbk.de/fileadmin/redaktion/veroeffentlichungen/verlautbarungen/VE_145.pdf, S. 52, zuletzt aufgerufen am 15. April 2021.

S. 158 »Ich begreife nicht ...« Tadeusz Różewicz: *Offene Gedichte*, herausgegeben und aus dem Polnischen übersetzt von Karl Dedecius, München: Hanser 1969, S. 143.

S. 159 *Vierundzwanzig bin ich ...* Różewicz: *Gerettet*, in: Ders.: *Offene Gedichte*, S. 7.

S. 160 *ich glaube nicht an die verwandlung von wasser in wein ...* Różewicz: *Klage*, in: Ders.: *Offene Gedichte*, S. 11.

S. 160 »Ereignis ohne Zeugen«. Vgl. Maurice Blanchot: *Après coup précédé par: Le ressassement éternel*, Paris: Les Éditions de Minuit 1983, S. 98.

S. 160 »Niemand / zeugt für den / Zeugen«. Paul Celan: *Gedichte in zwei Bänden*. Zweiter Band, Frankfurt am Main: Suhrkamp 1975, S. 72.

S. 160 »Christus will, dass ich als Nachfolger ...« *Heilige Messe im Konzentrationslager Auschwitz-Birkenau: Predigt von Papst Johannes Paul II.*, auf: http://www.vatican.va/content/john-paul-ii/de/homilies/1979/documents/hf_jp-ii_hom_19790607_polonia-brzezinka.pdf, S. 3, zuletzt aufgerufen am 15. April 2021.

S. 160 … so wie Vergebung in der paradoxalen Denkfigur Jacques Derridas erst für das Nichtvergebbare gilt … Vgl. Jacques Derrida: *Vergeben: Das Nichtvergebbare und das Unverjährbare*, aus dem Französischen übersetzt von Markus Sedlaczek, Wien: Passagen 2017, S. 27. Wobei ich nicht meinen will, dass Trost doch immer möglich sein muss, zuletzt gar ein erzwungener. Wenn wir etwa an Jean Améry denken, der in *Hand an sich legen* jene Ärzte, die ihn vom Suizid abhielten, als fast so entsetzlich erinnert wie die Schergen der Konzentrationslager, möchte ich darauf dringen, dass auch Trostlosigkeit sein darf. »Die Vergebung ist stärker als das Böse und das Böse ist stärker als die Vergebung«, um ein drittes Paradoxon hinzuzufügen, dieses von Jankélévitch. Vgl. Derrida: *Vergeben*, S. 25.

S. 161 »– vielleicht keine Wahrheit der Welt …« Wojtyla: *Die Jugendgedichte des Papstes*, S. 47.

S. 163 »vom Moment der Empfängnis …« Auf: https://www.domradio.de/themen/benedikt-xvi/2009-10-02/papst-kritisiert-abtreibungsgesetz-der-usa, zuletzt aufgerufen am 15. April 2021.

S. 165 »2010 wurde erstmals eine größere Zahl …« Auf: https://www.katholisch.de/aktuelles/themenseiten/missbrauch?t=&tto=1dd7bd7d, zuletzt aufgerufen am 15. April 2021.

S. 165 f. … Bekannt waren diese Fälle auch vorher … »Die Gerüchte um Pater Anton«, so schreibt es Ursula Raue im Mai 2010 in ihrem Bericht zum Canisius-Kolleg, waren »Schulhofgespräch […]. Eine Mutter von 2 Söhnen, die von 1970 bis 81 die Schule besucht haben, erinnert sich, dass sie bereits 1973 oder 74 beim Schulleiter Pater Zawacki vorstellig geworden sei. Die Söhne hatten berichtet, dass Pater Anton bei Einzelgesprächen die Tür verriegle und die Jungen sich auf seinen Schoß setzen sollten. Die Söhne gingen dann nicht mehr dort hin.« Vgl. Ursula Raue: *Bericht über Fälle sexuellen Missbrauchs an Schulen und anderen Einrichtungen des Jesuitenordens – 27. Mai 2010*, auf: https://www.bishop-accountability.org/reports/2010_05_27_Raue_Bericht.pdf, S. 4, zuletzt aufgerufen am 15. April 2021.

S. 167 »Wenn man Gewalt, sexualisierte Gewalt …« Auf: https://www1.wdr.de/mediathek/av/video-interview-mit-pater-klaus-mertes–jahre-missbrauchsskandal-in-der-katholischen-kirche--100.html, zuletzt aufgerufen am 13. Juli 2020.

S. 169 Poesie – Wisława Szymborska: *Auf Wiedersehen. Bis morgen*, Gedichte, aus dem Polnischen übersetzt von Karl Dedecius, Frankfurt am Main: Suhrkamp 1998, S. 11.

S. 170 Es gibt kein Leben ... Szymborska: *Auf Wiedersehen. Bis morgen*, S. 50.

S. 170 Ich glaube an die Auferstehung der Wolken ... Wojtyla: *Die Jugendgedichte des Papstes*, S. 42.

Nachweis der Erstdrucke

Was sind schon fünfundzwanzig Jahre?, in: *Die Zeit*, Nr. 28/2019, 4. Juli 2019.

Vier Versuche über das Böse, in: Nora Bossong: *Vier Versuche über das Böse / Quattro tentativi sul male* und Mauro Covacich: *Elf Gemälde im Museum des Todes / Undici quadri nel museo della morte*, herausgegeben von Maria Gazzetti, Band 4 der Reihe *Berlin trifft Rom / Roma incontra Berlino*, Rom: Arbeitskreis selbständiger Kultur-Inst. 2017.

Jugend, ewige. Das Tabu zu altern, in: *Stichworte zur Zeit. Ein Glossar*, herausgegeben von der Heinrich-Böll-Stiftung, Bielefeld: Transcript Verlag 2020, S. 135-144.

Erzählung vom wüsten Land, in: *Frankfurter Rundschau*, 10. März 2018.

Die Sehnsucht nach dem Anderen, in: *Die Zeit*, Nr. 15/2016, 31. März 2016, unter dem Titel: *Hilft beten doch noch?*

Die Reportage *Die zerlöcherte Region* entstand zusammen mit dem Fotografen Ingo van Aaren.

edition suhrkamp
Eine Auswahl

Bini Adamczak. Beziehungsweise Revolution. 1917, 1968 und kommende. es 2721. 313 Seiten

Giorgio Agamben et al. Demokratie? Eine Debatte. es 2611. 137 Seiten

Bruno Amable / Stefano Palombarini. Von Mitterrand zu Macron. Über den Kollaps des französischen Parteiensystems. es 2727. 255 Seiten

Perry Anderson. Hegemonie. Konjunkturen eines Begriffs. es 2724. 249 Seiten

Scott Anderson. Zerbrochene Länder. Wie die arabische Welt aus den Fugen geriet. es-Sonderdruck. 263 Seiten

Wolfgang Bauer
- Bruchzone. Krisenreportagen. es-Sonderdruck. 349 Seiten
- Über das Meer. Mit Syrern auf der Flucht nach Europa. es-Sonderdruck. 133 Seiten

Zygmunt Bauman
- Die Angst vor den anderen. Ein Essay über Migration und Panikmache. es-Sonderdruck. 124 Seiten
- Retrotopia. es-Sonderdruck. 220 Seiten

Michael Butter. »Nichts ist, wie es scheint«. Über Verschwörungstheorien. es-Sonderdruck. 270 Seiten

Colin Crouch
- Gig Economy. Prekäre Arbeit im Zeitalter von Uber, Minijobs & Co. es 2742. 135 Seiten
- Postdemokratie. es 2540. 159 Seiten

Didier Eribon
- Gesellschaft als Urteil. Klassen, Identitäten, Wege. es-Sonderdruck. 264 Seiten
- Rückkehr nach Reims. es-Sonderdruck. 237 Seiten

Heiner Flassbeck / Paul Steinhardt. Gescheiterte Globalisierung. Ungleichheit, Geld und die Renaissance des Staates. es 2722. 410 Seiten

Heinrich Geiselberger (Hg.). Die große Regression. Eine internationale Debatte über die geistige Situation der Zeit. es-Sonderdruck. 318 Seiten

Masha Gessen. Leben mit Exil. Über Migration sprechen. 98 Seiten

Kristen R. Ghodsee. Warum Frauen im Sozialismus besseren Sex haben. Und andere Argumente für ökonomische Unabhängigkeit. es-Sonderdruck. 275 Seiten

Marius Goldhorn. Park. Roman. es 2764. 179 Seiten

Mark Greif. Bluescreen. Essays. es 2629. 231 Seiten

Jürgen Habermas. Im Sog der Technokratie. Kleine politische Schriften XII. es 2671. 193 Seiten

Lea Haller. Transithandel. Geld- und Warenströme im globalen Kapitalismus. es 2731. 512 Seiten

David Harvey. Rebellische Städte. es 2657. 283 Seiten

Wilhelm Heitmeyer. Autoritäre Versuchungen. Signaturen der Bedrohung 1. es 2717. 394 Seiten

Axel Honneth. Vivisektionen eines Zeitalters. Porträts zur Ideengeschichte des 20. Jahrhunderts. es 2678. 307 Seiten

Eva Illouz. Israel. Soziologische Essays. es 2683. 228 Seiten

Dirk Jörke. Die Größe der Demokratie. Über die räumliche Dimension von Herrschaft und Partizipation. es 2739. 280 Seiten

François Jullien. Es gibt keine kulturelle Identität. es 2718. 95 Seiten

Ivan Krastev. Europadämmerung. Ein Essay. es 2712. 143 Seiten

Benjamin Kunkel. Utopie oder Untergang. Ein Wegweiser für die gegenwärtige Krise. es 2687. 245 Seiten

Bruno Latour. Das terrestrische Manifest. es-Sonderdruck. 136 Seiten

Philipp Lepenies. Die Macht der einen Zahl. Eine politische Geschichte des Bruttoinlandsprodukts. es 2673. 186 Seiten

Enis Maci. Eiscafé Europa. Essays. es 2726. 240 Seiten

Philip Manow
- Die Politische Ökonomie des Populismus. es 2728. 160 Seiten
- (Ent-)Demokratisierung der Demokratie. 160 Seiten

Lorenzo Marsili/Niccolò Milanese. Wir heimatlosen Weltbürger. es 2736. 280 Seiten

Steffen Mau. Das metrische Wir. Über die Quantifizierung des Sozialen. es-Sonderdruck. 307 Seiten

Robert Misik. Die falschen Freunde der einfachen Leute. es 2741. 138 Seiten

Franco Moretti. Kurven, Karten, Stammbäume. Abstrakte Modelle für die Literaturgeschichte. es 2564. 138 Seiten

Chantal Mouffe. Für einen linken Populismus. es 2729. 111 Seiten

Jan-Werner Müller
- Furcht und Freiheit. Für einen anderen Liberalismus. es-Sonderdruck. 170 Seiten
- Was ist Populismus? Ein Essay. es-Sonderdruck. 159 Seiten

Oliver Nachtwey. Die Abstiegsgesellschaft. Über das Aufbegehren in der regressiven Moderne. es 2682. 263 Seiten

Miltiadis Oulios. Blackbox Abschiebung. Geschichte, Theorie und Praxis der deutschen Migrationspolitik. es-Sonderdruck. 483 Seiten

Volker Perthes. Das Ende des Nahen Ostens, wie wir ihn kennen. es-Sonderdruck. 143 Seiten

Heribert Prantl. Trotz alledem! Europa muss man einfach lieben. es-Sonderdruck. 93 Seiten

Paul B. Preciado. Ein Apartment auf dem Uranus. Chroniken eines Übergangs. es-Sonderdruck. 368 Seiten

Adam Przeworski. Krisen der Demokratie. es 2751. Ca. 240 Seiten

Katharina Raabe / Manfred Sapper (Hg.). Testfall Ukraine. Europa und seine Werte. es-Sonderdruck. 256 Seiten

Hanno Rauterberg
- Die Kunst und das gute Leben. Über die Ethik der Ästhetik. es 2696. 205 Seiten
- Wie frei ist die Kunst? Der neue Kulturkampf und die Krise des Liberalismus. es 2725. 141 Seiten

Andreas Reckwitz. Das Ende der Illusionen. Politik, Ökonomie und Kultur in der Spätmoderne. es 2735. 305 Seiten

César Rendueles
- Kanaillen-Kapitalismus. Eine literarische Reise durch die Geschichte der freien Marktwirtschaft. es 2737. 300 Seiten
- Soziophobie. Politischer Wandel im Zeitalter der Utopie. es 2690. 262 Seiten

Ulrich Schmid. Technologien der Seele. Vom Verfertigen der Wahrheit in der russischen Gegenwartskultur. es 2702. 386 Seiten

Michel Serres. Was genau war früher besser? Ein optimistischer Wutanfall. es-Sonderdruck. 80 Seiten

Philipp Staab. Digitaler Kapitalismus. Markt und Herrschaft in der Ökonomie der Unknappheit. es-Sonderdruck. 345 Seiten

Carlo Strenger
- Abenteuer Freiheit. Ein Wegweiser für unsichere Zeiten. es-Sonderdruck. 122 Seiten
- Diese verdammten liberalen Eliten. Wer sie sind und warum wir sie brauchen. es-Sonderdruck. 172 Seiten

Kate Tempest
- Brand New Ancients/Brandneue Klassiker. Lyrik. es 2733. 103 Seiten
- Let Them Eat Chaos. Sollen sie doch Chaos fressen. es 2754. 154 Seiten

Philipp Ther. Das andere Ende der Geschichte. Über die Große Transformation. es 2744. 199 Seiten

David Van Reybrouck. Zink. es-Sonderdruck. 86 Seiten

Raul Zelik. Wir Untoten des Kapitals. Über politische Monster und einen grünen Sozialismus. es 2746. 328 Seiten

Slavoj Žižek. Auf verlorenem Posten. es 2562. 319 Seiten

Gabriel Zucman. Steueroasen. Wo der Wohlstand der Nationen versteckt wird. es-Sonderdruck. 118 Seiten